痛，不是要毀滅你，

而是要完整療癒你。

蘇絢慧

敬那些痛著的心

蘇絢慧的暖心放映時光

蘇絢慧 著

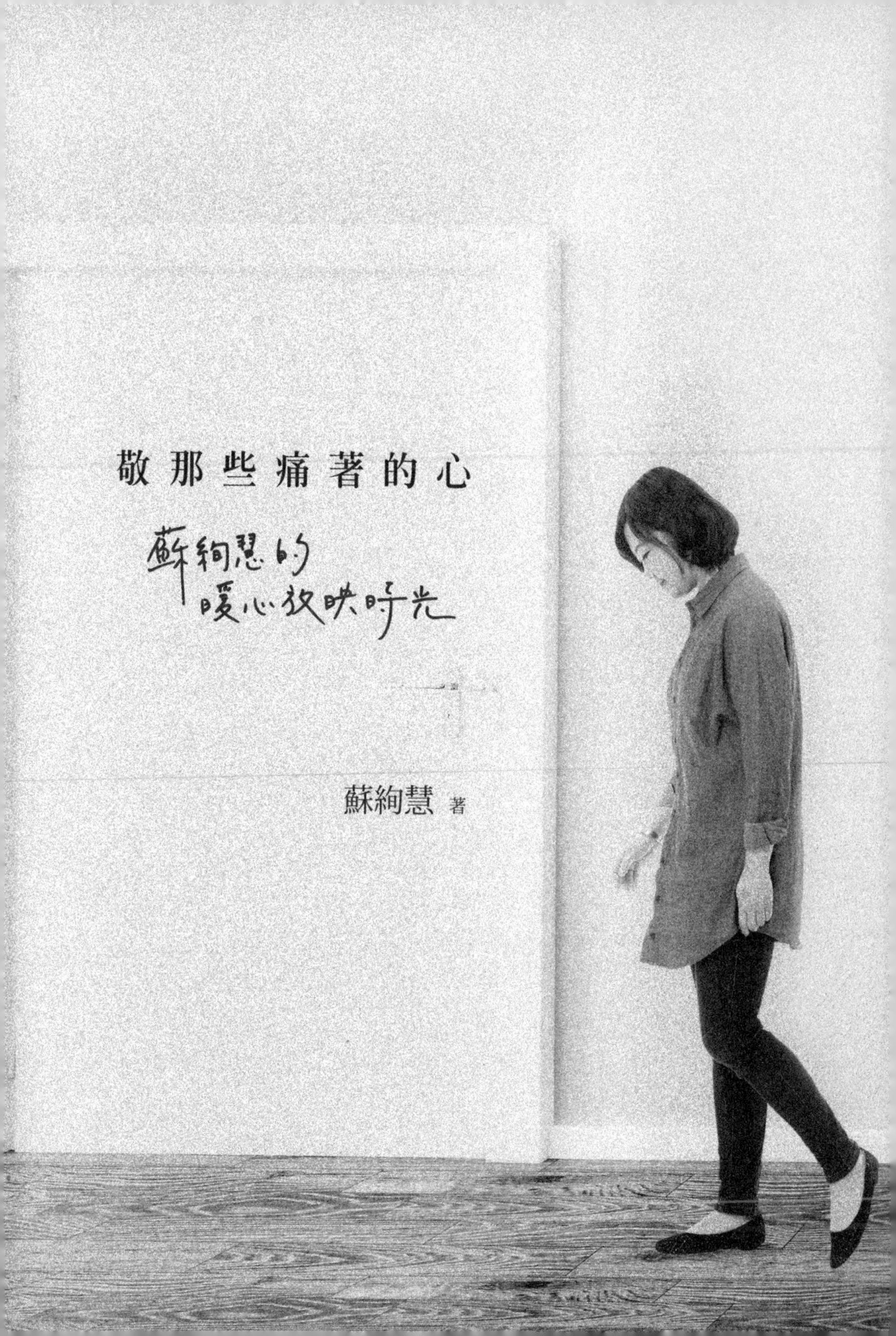

那些痛著的心，
讓你終於找回真實的自己。
每種痛，都有一顆破碎的心，
需要好好被認出，好好地愛回。

自序

當你無法對自己誠實，「痛」會給你答案

二〇一六年八月二十三日，我走進了「內分泌及新陳代謝科」門診，準備聆聽我的身體檢查報告，也在這一天，我近一年來的體重異常、疲憊乏力，算是初步確診，雖然還要再進行腹部超音波的診斷。

簡單地說，就是我已在「糖尿病」的高危險群裡，有糖尿病前兆症狀，再加上肝炎，可說是整個代謝系統都壞掉了！

身體有一年的時間（二〇一五年七月開始），出現許多警訊，像是時常莫名發燒，一陣冷一陣熱；或是疲倦異常，怎麼睡覺或休息也感覺不到體力

有所恢復。更是常常頭暈、昏沉，腳步沉重無力。

這些情況常是無預警就發生。記得七月某日的大熱天，我突然感受到冰寒襲骨，疼痛欲裂，唇齒之間不停顫抖，身體也完全控制不住，一直想屈縮，一步路也走不了。莫名發燒，身體內部器官也不時發炎，卻不知道病源。

因為我太會「忍受」，加上害怕等很久、花費很長時間才能看到醫師、做到檢查的心理，我拖著十分不舒服的身體，煎熬度日。所以，當我終於走進門診，就表示我真的覺得情況開始失控，覺得自己的身體快要瓦解崩塌了。

反覆檢查後，從醫師的口中，我終於得知身體「確實有狀況」，當下的心情很矛盾。

一方面，總算找到身體長期疲憊的答案，有了這個答案，「痛」就能被對症解決。另一方面，我卻無法抑制地感受到難過及震驚，頻頻出現：「大家都是這樣過日子，為什麼就是我出現狀況？」「我的生活為什麼要被迫改變？」等等抗議的念頭和情緒。

同時，理智又不斷告訴自己，必須徹底調整生活，過去的生活習性也必須改變，否則，誰也救不了我。可是，心裡那個想要隨心所欲、不想受到約束的我，有許多不甘願，老是想著：「不能再過以前的生活、不能再隨心所欲，那日子還有樂趣嗎？」而陷落在埋怨中。

但「自我」立刻又補上「現實」資訊，浮出另一個聲音說著：「你以前的生活不是樂趣，而是消耗；不是有生活品質，而是已經一團亂和糟。所以，你才會『整組壞掉』。現在，是你重新建立新生活的機會。所謂真正的隨心所欲，必須是輕鬆且平衡的，真正擁有健康的，那才有意義。」

就這樣，在三、四天裡，我都在進行自我思辨，同時還必須調節心中湧現的複雜情緒，不論是憤怒的、不甘心的、委屈的，或是失落的、懊悔的、愁煩及擔憂的。

好不容易，我終於接受了：我該為我自己重新過好生活，讓身體有個修復，也重新為自己找到生活的平衡。因為，能為這一切負起責任的，只有我。

我一直是個不斷想嘗試新事物、進行新計畫的人，手上的計畫總是多頭並進。但是，如今的我已深刻感受到，我的體力和能量，都持續下降中，即使再有興趣的事，恐怕也無法做好！

這迫使我必須痛定思痛，了解這些「痛」，究竟要告訴我什麼？如果我的生活真的是平衡的，或是幸福的，那為什麼我會有「痛苦」呢？

然後，我深刻地領悟，當你無法對自己誠實，「痛」會給你答案。

非常確定的是，接下來的日子，我必須留給我自己，陪我自己「好」起來。就像是人生下半場再開始前的「暫停」，為自己慢活，也學習聆聽身體的聲音，更要好好為身體進行必要的清理和整頓。

然後，回歸生活，用自己的存在與生活好好對話，學會專注在自己身上，檢視過往的日子，給自己一個新的機會，真正為自己創造「適合的生活」；不再誇大自己的能力，也不再漠視自己的需要。

我很清楚知道，生病這回事，若我不將自己視為「最親愛的」去關心及照顧，又有誰該負責呢？

這樣一來，這段生活的重整期，就更是勢在必行了。

我不斷回想，我是怎麼把自己「用到壞」？用到積勞成疾？生病的意義，正是在於告訴我「生命失衡」的訊號。

勉強的、超支的、過度付出的、努力太久的……都讓人耗損殆盡。**精神的、生理的生病，都讓人無以迴避地要「面對自己」。**

還有什麼比「生病」更能教你「面對自己」？教你面對長期以來的關係傷害？

我們可能常常想的是「拒絕別人很不好意思」，也總是在乎「別人會失望或難過」，更多時候，我們想著別人的需要……卻很少想到對自己的虧待、對自己的抱歉，還有對自己的殘忍。

過去的十多年，我一直認為自己「能量很大」，想完成的事，都能夠在歷程中完成，總是不自覺地把行程排得密不透風。

在醫院工作的生涯中，幾乎沒有停頓的時間，任務與任務之間，都只有十多分鐘的喘息。那時奔走的地點不只醫院，還有各校園、基金會、協會……即使旅途上暈眩反胃，有幾次甚至在飛機上畏寒發燒，一到工作崗位還是要抖擻起精神，所有的腎上腺素都積極運作，讓自己將任務完成。

腎上腺早已倦怠，新陳代謝功能也變得微弱，體型呈現老態龍鍾。

對於這樣的自己，哪能再批判指責呢？只有無限心疼和抱歉。

生病，並不是壞事，而是一份恩寵。讓自己停歇，學習安心、安住，與自己同在，調節自己的失衡。

即使很難過，難過地流著淚，也能隨自己的淚慢慢引出那些積壓在身體內的疲憊。然後，陪著自己接觸有益的滋養，溫補自己，滋潤自己。

能夠體會自己的限制，何嘗不是放過自己，接受自己的脆弱呢？

我們的人生，不只有病痛之苦，還有各種生命過程的痛，總是無以避開。

生離是痛，死別是痛；成長是痛，衰老是痛；愛戀是痛，空虛失去自己，也是痛；失去摯愛是痛，渴求不得愛更是痛。

每一種痛，都有一個破碎的自己，破滅的幻想。

淤積成傷，積傷成害，則成痛。身體上，我們知道「痛則不通，通則不痛」，心理上也是。當我們無法疏通情感和理智中的分裂癥結，無法把執著的渴求鬆動，無法接納真實的情境和真實的自己，都會讓我們因為阻抗生命的際遇，而產生各式各樣的痛苦，令我們痛不欲生，失魂落魄。

這一本書，我透過幾個影片的故事情節，來談人生的痛、生命的傷。我始終相信，生命的方向，不是要受這些苦痛傷害，而是要讓我們真正學會療癒，為自己的生命療傷止痛，讓自己的生命來得及成全自己所要的幸福。

而每一份痛裡，都有我們想避開的真實和自己，以及所欲逃避的人際真相。

如果我們懂得認出這些傷，勇敢承認這些傷的存在，或許才能開始無懼於面對自己。真誠地為自己清理內在的傷口，將淤積潰爛的傷痛，慢慢引流，緩緩修復。允許有一個好的契機發生，完整療癒自己，無論是身體、心理，還是靈性。也修復我們與重要他人的關係，和與這世界的連結。

沒有健康的自我，我們就難以建立健康的關係，也難以和世界保持暢通的連結。離群索居、害怕受傷、恐懼不安，占有、剝奪，甚至隔離封閉，都是人類常見的受傷狀態。這世界並不完美，我們免不了會受傷，然而，受傷之後，會有療傷的過程，我們是否能從中真正明白生命如何療癒恢復，才是更重要的過程，而不是停滯在「受傷」的階段而已。

願我們在痛苦之後，終將如泰戈爾所說：

當日子末了，
我站在你面前，

你將看見我的傷痕，
知道我曾經受傷，
也已經痊癒了。

目錄

敬那些痛著的心，和勇敢做夢的傻瓜

《樂來越愛你》

塞巴斯汀與蜜亞，從逐夢到築夢的抉擇大冒險

人生是一段築夢的歷程，現實卻讓我們不再做夢，讓我們相信，我們的夢想，根本是痴心妄想，只是一個傻瓜的幻想。

要向世界證明自己的存在，往往需要透過夢想加以實現。然而，夢想人人都想擁有，卻不一定能堅持，因為巨大的「現實怪獸」會吞噬夢想，將夢想啃食到不見屍骨。

追夢者還不知道如何踏實築夢之前，或許都很樂觀，認為只要有機會，就想去嘗試、去抓取。人人對於機會趨之若鶩，爭著追逐擁有某些事物，拚個你死我活，只求一個露臉的機會，一個被發現的機會。

這個過程，卻也讓人不斷歷經挫折、輕視、難堪，和自我懷疑：「原來，我不夠好，不足以讓世人肯定我，不夠讓世人看見我的才華……」

於是，不安、不確定的心情接踵而來。為了因應現實生活，是否就此妥協、就此放棄？總是翻攪著追夢者日常的情緒。為了所愛的人，為了平穩的安定生活，是否就此犧牲夢想，讓一切作罷？或是乾脆忘卻內心最深處的渴望和呼喚？……總是在我們心頭上，成為壓得我們喘不過氣的巨石。

懷抱夢想的過程中，「現實」以各種聲音出現：「不要空做夢了！」「務實一點！」「你要蹉跎人生到何時？」也可能必須面對：無法向家人交代；無法向親密愛人交代；最大的痛苦是，沒有辦法向自己交代！

在《樂來越愛你》的故事中，賽巴斯汀和蜜亞正是兩個懷抱藝術夢想的年輕人。他們在追夢的過程中遇見了彼此，彷彿遇見靈魂伴侶，從相愛開始，到彼此鼓勵追夢的過程，一起經歷了冬、春、夏、秋、冬的時序循環。

相遇的第一個冬天，他們懷才不遇、鬱鬱不得志，猶如我們曾經走過的人生撞牆期，反覆衝撞著這個世界，找不到夢想的出口、存在的理由。

到了春天，因為看見彼此生命深處的才華而萌生愛意，這兩位追夢的年輕男女，懂得對方的才氣和藝術之心，也懂得在環境中會經歷的挫折及困難，所以相知相惜，給予彼此最溫柔的理解，和最堅定的相信。

有伴的追夢更有力量，愛情也與夏天一樣熾烈燃燒，因為有愛，因為有支持，而有更旺盛的創作力和對生命的期盼。

然而，一切卻敵不過現實的考驗，無論是出於生活的不得不，還是為了能讓夢想有延續的可能，追夢的過程，總是免不了向現實妥協。走到了秋天，兩人經歷的無奈，是現實與夢想之間的拉扯、愛情與麵包之間的抉擇，更是拚搏與孤單之間的失衡。

又一個冬天，兩人必須做出關於未來的抉擇。當逐夢終於成了築夢，夢想不再只是原地踏步，而是一連串付出生命投入的過程，必須全心全意、義無反顧，同時卻也是面對分離決定的時刻。即使深知對彼此的愛如此真摯，卻還是願意放手，讓彼此的生命勇往直前、築夢踏實，在人生的某一刻，在世界上發光發熱，成為最璀璨奪目的一顆星星。

成全，也是一種愛的形式，即使無法一起走到最後。

這當中的歷程，所面臨的人生考驗和人生機會，總是讓內心糾結掙扎。不斷遭受打擊的遭遇，也讓我們的心免不了破碎，而深深受傷。

曾經有段時間，蜜亞累積了無數次試鏡的挫敗，無數次被忽視及打回票後，決定放棄自己的夢想。她認定自己不夠好，或許一切只是自己的痴心妄想罷了。於是，她恐懼了，害怕再經歷任何挫折，她脆弱地說：我受傷了，也許我根本不夠好……

這不也是曾經的我們嗎？因為遭受排拒，因為不被認可，因為始終看不見成果、始終得不到一點掌聲，我們怯懦了，害怕一切不過是自己的幻想和自以為是。

挫折到底之後，人會如何選擇呢？

大部分的人或許選擇認清現實，因為放棄容易，堅持卻是如此艱難。這時，只能抑制自己的渴望和長久以來努力耕耘的抱負。你還敢當傻瓜嗎？還敢對夢想有熱情嗎？還敢堅持心中的所追求的夢嗎？

有時候，我們真的需要身邊有一個人，一句肯定的聲音，讓我們重新相信自己，讓我們憶起：「真正的自己」是誰？渴望的夢想是什麼？所具有的天賦是什麼？

關鍵時刻，塞巴斯汀鼓舞蜜亞重新參加試鏡。這一次，導演和製片要蜜亞好好地用自己的生命說一個與法國有關的故事。

蜜亞說了姑姑的故事。一個令人打從心底感動的故事。她說：「我姑姑曾經住在巴黎。有天她經過塞納河，她微微笑著，看也不看就跳入河中，河水冰寒徹骨，回家後大病數月。但是，時光若是重來，她說她還是會再縱身一躍。敬那些勇敢做夢的傻瓜，敬那些痛著的心，敬那些勇敢做夢的人。」

有夢想的人，往往都是人們認為的傻瓜；有夢想的人，也難免經歷受傷，讓心總痛著。然而，若不是人們所認為的不可能的事，又怎麼值得被稱為「夢想」呢？

在未見實現之前，築夢的過程總是令人疑惑，不免要經歷打擊和冷嘲熱諷，但即使周圍充滿冷言冷語，甚至被潑一大盆冷水，還是要踏實地增強自己的能力，及內在的毅力。

到了夢想即將成真之時，也還是免不了要持續面對那些愛、夢想和選擇等等人生的課題。

這世上沒有最完美的結局，有時能得，來自於能捨。每一個選擇之後，都會有不同的情節和結果。一旦做了選擇，即使日後禁不住感慨、湧起許多「想當初」的念頭：「當初的我們如果可以……是不是現在就會……」每種選擇後的遺憾和感傷，卻也是必然要承擔的。

但或許，人生最美的風景之一，是回看人生時，儘管有所遺憾，還是能抱以微笑，敬對方的夢想、敬自己的夢想，敬彼此痛著的心，也敬我們強壯的靈魂。

療心傷 1

如果世界不曾取悅於你，就由你創造一個新世界吧！

追逐夢想的路上，你會被認為是傻瓜，會被不以為然，批評和否定的聲音也總在身旁圍繞……

但你還是要知道，自己的好在哪裡。如果有一個愛你的人，告訴你：「你夠好，你已經是一個很棒的人……」這是幸運。但若沒有，也請看見自己長久的努力和堅持。

所謂追夢，就是追求自己「想要看見的自己」，實現自己真心想過的生活。

他人確實不容易了解，也可能連好好聆聽和了解都不願意。

我在建築自己的理想的過程，也曾經歷不少拒絕和否定。也曾在現實的困境中，懷疑自己的堅持是否是一件可笑的事。

曾經，有人笑我的夢想：真是做夢！

也曾被人直接否定：你的想法一點都不重要！

不少聲音質疑我憑什麼可以夢想成真，甚至對著我不屑地說：你的夢想，關我們什麼事？

其實所有的限制和瓶頸都能讓你懂得：當有人願意給你一個機會時，你會珍惜、會把握，也會感謝，不會視為理所當然。你會知道，每一個機會有多麼得來不易，你會記得你的貴人，也會記得曾經賞識你的聲音，然後，試著更願意培育自己，和成就自己。

這一切努力，都是為了在所有磨練過後，堅定地，去綻放自己生命的美麗光芒。

在經過生命不少歷練後，如今的我，回頭看每一次的挫折，都看見了那個時空當下的環境限制；不敢創新、害怕挑戰，或是有當時的主流價值風向，讓夢想無法立即就受到肯定及欣賞。

我更看見，踏實地壯大自己的實力，才是每一回挫折後，要持續做的事。這是一段尋找自己真正想望的過程，有越多聲音質疑，就越是考驗你對自己的夢想有多少恆心和毅力。

香奈兒女士曾經說過：「我的生命不曾取悅於我，所以我創造了自己的生命。與其在意別人的背棄和不善，不如經營自己的尊嚴與美好。」

如果這世界不曾取悅於你，就表示要由「你」創造一個「新世界」。過去的世界，有恆常的定律和長久以來的運作規則，未曾見過你心中想要創造的夢想，甚至不懂你心中所在乎的價值，這就是你存在的意義。你的存在，為這個世界創造一個新的可能、新的視野。

所以，對自己的夢想，抱持尊敬吧！也對他人的夢想，抱持祝福。

敬那些追夢的傻瓜！這個世界，正是因為有追夢的人，才有熱情，才有推動力。

樂來越愛你

片名原文：La La Land

導演：達米恩・查澤雷

編劇：達米恩・查澤雷

主演：艾瑪・史東／雷恩・葛斯林／J・K・西蒙斯／約翰・傳奇

類型：劇情／喜劇／愛情／歌舞

製片國家／地區：美國

語言：英語

臺灣上映時間：二〇一六年十二月

片長：一百二十八分鐘

預告連結

敬你的痛2

最痛苦的時刻，好好留意緊隨而至的美麗

《最美的安排》

霍華的順遂人生中，死亡、時間和愛的課題

一份好的事業、一段親密的關係、一個溫暖的家庭和一些志同道合的夥伴，同時擁有這一切，是人生最美好的事，也是人人都渴望實現的幸福。但因為兩件事的存在，人生中我們無論擁有任何美好，都可能遭遇失去、經歷分離。一是死亡，二是時間。

我們都知道，只要時間持續進行，就沒有什麼人事物會永恆存在。時間呈

線性不間斷地走著，是單行道；只會往前，無法倒退。所以無論願不願意，你都必須經歷生老病死的生命時序，也必須往自己生命的結束點走去。

而死亡比時間更殘酷。當死亡發生，一切都不可逆，毫無討價還價的可能。當死亡決定帶走誰的生命，那是誰都無法阻抗的。

時間和死亡的存在，衝擊到的是愛。當年華老去、生命衰敗，你的愛還能存在嗎？

當死亡帶走你所愛的人，甚至帶走你的生命，活著的人，還能感受到愛，相信愛一直都還在嗎？

當人因為失去和分離而經驗巨大的痛苦時，愛真能撫平傷痛嗎？能讓人再度活過來嗎？

廣告公司的老闆霍華，因喪女而意志消沉，甚至影響公司營運。幾個合夥人想盡辦法要他振作，卻也在過程中經歷了他們各自的人生課題。

一個人遭遇喪女之痛，抑鬱、對未來失去希望，有什麼可能修補這顆破碎的心呢？

在痛苦哀傷的歷程中，他寫信給自己最重視的三個人生概念：死亡、時間、愛。

他責備「死亡」不與他進行交易，他多麼想以自己的生命，取代女兒迎向死亡，死亡卻不肯，兀自終結了女兒的人生。

他憤恨「時間」是劊子手，奪走所愛的人的時間，並且無法治癒傷痛。在痛苦中苟活的霍華，只感受到時間的無意義，留時間給他不過是徒增痛苦。

他拋棄了「愛」，向「愛」告別。因為愛背叛了他；他是如此全心全意付出愛，愛卻讓他一無所有，悲傷逾恆。

然而，不可思議的，有三名神祕人，分別代表「死亡」「時間」和「愛」來找他，回應他的埋怨和憤恨。

「死亡」告訴他：不要局限在生命的形式，死亡是另一個形式的開啟。

「時間」告訴他：生命一直給每個人時間，要的就是去把握，而不是浪費。在時間裡，都有禮物要給人，人需要去領受。

「愛」則告訴他：你無法去選擇愛誰或被誰愛，因為愛是生命的本質，存在於萬物當中，是黑暗和光明，是陽光和風暴。愛，是天地萬物的理由。你無法擺脫愛，即使在痛苦中，愛都依然存在。

雖然這三名神祕人一開始是公司的三位高階同事，是為了確保公司併購案可以順利進行，暗中促成霍華不得行使股東投票權而聘僱的演員。但最後，當霍華和妻子再度攜手走過傷痛，回頭看了「死亡」「時間」和「愛」這三個神祕人，才了解到「死亡」「時間」和「愛」的寓意，在所有的安排中，都有這三者的存在和美意。

療癒痛苦並不容易。霍華在反覆排列骨牌時悼念著女兒，想念過去和女兒一起推骨牌的笑聲，卻也因此深陷悲傷的情緒中。

他無法說出自己的痛苦，只感受到萬念俱灰。甚至與妻子分居分離，獨自承受哀傷。

他無法說出喪女的事實，連女兒的名字、女兒的疾病都無法再提起。對一個心已碎裂的男性、哀痛的父親，世上的一切都變得無意義，工作、家庭、事業、生命……全然生無可戀。

這樣的人生，是為什麼？為什麼要讓一個人遭逢如此沉重的劇痛？這是上天玩弄人嗎？還是，一切都只是為了折磨人？

如果你相信生命，理解了生命運行之道，就能體會到那並不只是為了折磨人、毀滅人，而是讓人因為苦痛，而更深覺愛的存在。

如同霍華的妻子在女兒瀕臨死亡之際遇見的神祕婦人所說的：當你深受痛苦時，要好好留意周圍，美麗的安排，即將緊隨而至……

而那隨之而來的美麗，是什麼呢？

我認為是人在痛苦中，能再次重拾愛的能力、接受了自己的生命時間；無論有所限制或是仍抱持希望，都懂得珍惜生命的當下。最終領會了，死亡不是毀滅，而是生命的牽引，讓我們的心靈經歷破碎毀損，卻尋得重生的意義……

霍華的三個事業夥伴也同樣分別遇見了這些人生課題：死亡、時間和愛。一個事業夥伴面臨的是生命終了如何向家人告別的悲傷；另一個正在面對如何與女兒修復愛的關係的煩惱；還有一位事業夥伴，則因錯過了生育的年紀，無法如願擁有自己的親生孩子而遺憾。

我們每個人，都同樣需要在人生旅程中與這三者反覆對話，來找到自己生命的究竟。

面對死亡，我們如何準備好告別？

面對時間，我們如何面對生命的限制，尋得超越的意義？

面對愛，我們如何不放棄，並堅持相信？

你是否有所體會了呢？關於愛的法則是：只要願意付出愛，讓愛轉動，愛就會回到你身邊，並且無需任何條件。

細心留意，所有的痛苦之後，總有隨之而來的美麗安排。

關鍵就是你對經驗的詮釋。如果你相信，即使壞事發生了，但你的世界因此更靠近愛，你的靈魂因此更溫厚和慈悲，就算所失去的一切終歸失去了，你的心靈也不會置身在黑暗地獄中，因為愛在，光就在。

療心傷 2

觸摸痛苦之人有福了！穿越心靈的通道，更懂愛。

痛苦，是通往心靈的通道。你見過不觸摸痛苦而能走進心靈世界的人嗎？

痛苦，也是人得以發覺自身脆弱之所在。因為痛苦感，我們才發現自己的渺小，和需要他人的扶持。沒有誰，能只靠自己獨自存在就好。

痛苦，讓人深刻體會愛和生命的意義。一個不知道痛苦為何物的人，不會深入思索愛是什麼，也不會追尋生命真實意義的答案。

然而，當我們在經歷痛苦時，因為感受到大量負面情緒的自己，和對生命太多的疑惑及無能為力，痛苦中的我們，只想要從此消失在這世界上。深層的痛苦，不僅讓我們萬念俱灰，同時也否定了生命的意義。

很多人在痛苦中，因為傷太重，而無法再與人接觸，也無法與人交談。有時候，痛苦的我們，甚至認為自己是「有害物體」，只會造成他人的累贅或麻煩，而選擇與別人保持距離。

我們可能一開口，就說出憎恨或憤怒的話語……

我們可能一開口，就充滿怨懟或沮喪……

我們可能一開口，就無法克制地射出如利刃的言詞……

我們的痛苦，讓我們成為他人眼中無能為力應對的「問題」，也成為他人背後不斷談論的八卦對象。因此，痛苦成了把人際關係四分五裂的利器，讓我們再也走不進人群，踏不進關係。

但是，越是感受到被這社會拒絕，越是感受到不被理解的孤立，我們的痛苦，就越沉重，也越巨大。

直到痛苦吞噬了原本心靈的天真和友善，我們從此與世界為敵，也從此在痛苦的壓制下，失去了原本的自己，找不到自己的面貌，忘卻自己是誰。

但如果，你可以從你的痛苦中，深入看見一顆哀慟悲傷的心，需要被溫柔包覆，被理解撫慰，那麼，請你給任何一顆痛苦破碎的心，一份慈悲。你知道，痛苦的心，是一顆無能為力的心；你知道，痛苦的心，是如何無助和難受。

停止把痛苦的心，視為「問題」或是「懦弱」。痛苦的發生，並不是起因於人不堅強，而是因為我們擁有情感。當我們體認到失去摯愛，遍尋方法無法挽留，只能空留遺憾和懊悔，必然都會使我們痛苦不已。

接納你的痛苦，也允許自己痛苦。但請不要讓痛苦毀滅你，而是將你帶向靈性的療癒。

所有物質的事物都有盡頭，也都會失去——唯有愛，是生命中恆久存在的。只要你不捨棄讓愛在你心中，愛會陪你走過一切，找到真正安心，讓痛苦有片刻安息的所在。

最美的安排

片名原文：Collateral Beauty
導演：大衛．法蘭科
編劇：艾倫．勒布
演出：威爾．史密斯／艾德華．諾頓／綺拉．奈特莉／凱特．溫絲蕾／海倫．米蘭
類型：劇情
製片國家／地區：美國
語言：英語
臺灣上映時間：二〇一六年十二月
片長：九十七分鐘

預告連結

敬你的痛3

僞愛的痛，怎麼才能清醒？

《列車上的女孩》

瑞秋的醉夢人生

一個女人，難免對人生抱有美麗的憧憬。在女人所建構的幸福藍圖裡，往往有一個疼她又事業成功的老公、一間美麗的房子，最重要的是，有他們愛的結晶——孩子，這才意謂：完美、完整、成功。

所以，女人總是努力又認真地預備自己，從想自然懷孕，到必須求助於人工受孕，每一個過程、每一步路，都要用盡心力，不只要做給別人看，也常常要證明給自己看——我能做到，我值得擁有最好的幸福！

若是再怎麼努力卻始終都不能如願，緊接而來的洩氣和挫折，就足以開始侵蝕一個女人的內在；她會開始厭惡自己、排斥自己。她會認為自己糟糕透頂，沒有資格被疼愛，也沒有價值能在婚姻中抬頭挺胸。她成為一個有虧欠的女人，虧欠夫家、虧欠伴侶、虧欠天道，為什麼自己無法生育？

活在虧欠裡，活得垂頭喪氣，這樣一個女人，又怎麼可能在關係中實現幸福呢？她必然成天自我譴責，同時又憎恨命運捉弄。她百思不解，為什麼就是自己不能？唯一的解釋，往往容易歸咎於「都是我的錯」。

於是，她在伴侶面前低聲下氣、乞憐討愛。在認定都是自己才造成關係的不幸時，她只能任由指責、羞辱、攻擊朝向她，連一點抵抗和反駁的能力都沒有了，甚至，認同那些惡言惡語說的對。

如果這是你的遭遇，那麼，我會告訴你：無法生育，不是真正傷害你的痛；對自己的價值認定，才是真正傷害你的生命原傷。

你將自己，等同於「生育」，如果要證明你有價值，就只能建立在生育的能力上。喪失生育能力，無法感受到身為母親的喜悅，確實是失落，也令人失望，但不該因此就否定了你的生命價值，剝奪了你的生命尊嚴。

你有愛人的能力、有權利感受到被愛，並非取決於「是否能生育」的條件上，如果你也以「是否能生育」來論斷自己的存在價值，在否定及厭惡自己的情況下，你如何面對自己？又會如何面對關係？

你必然閃避，像個罪犯一樣，到處躲藏，終年不敢見日、不敢見人。你視自己為羞恥，就算不是蓄意重傷自己，也可能在無意識中默默傷害自己。無論是酗酒、嗑藥、拒絕人際，或是讓自己越來越消沉，認定這世界殘酷，根本容不下你……直到疾病纏身或是生活出了亂子，你卻始終無法與自己重逢，帶自己重返愛的日子。

你早已忘了那些活在愛裡的日子，存在一個你認為值得愛的自己。對愛有盼望、有期許，也有信任。

然而，因為失去了「條件」和「功能」，你認定自己不值得愛，也認定自己的可憐和一無所有。任憑他人嘲諷輕看，也任憑自己的絕望和沮喪氾濫。

為你自己，離開一個無法真正懂得愛你的人。乞討來的愛，終究是場空。

如果一個人，只是以角色和責任框架你，除了角色和責任的要求外，絲毫不認為你有什麼值得珍愛和善待，那麼這一段關係，只是一種「偽愛」的虛假關係。他重視的，不是你這個人，而是依附在你身上的條件和功能。當你無法勝任這個角色，或是無法運作他所期待的功能，他便會更換你，像是換一座機具，或是換一個零件。

所以，你要自問：你也要如此看待自己嗎？不把自己視為一個完整的人，也不相信自己值得被肯定。

如果，你也不「看好」你自己，不相信自己值得善待，你又如何會相信這世界其實能夠理解你，接納你？

這一切的關鍵，就在於你對待自己的方式，及你看待自己的目光啊！

主角瑞秋，正是一位因為不懂自己真正的價值，而逃避自我的女人。她酗酒長達兩年，因為酗酒，她失去了丈夫的疼愛，認為她是一個糟糕透頂的女性，同時她也因酗酒而失去工作。

之後她更是每日以酒代水，讓自己透過酒精逃避殘酷的人生和現實。她酗酒的程度，已讓她時常失去記憶，總是記不得自己究竟做過什麼事，某些事又是在什麼情況下發生的。她只能在隔天稍微清醒時，從旁人的敘述裡捕捉到一點記憶中的畫面，卻常是模糊混亂的。

混亂如一灘爛泥的日子裡，她失去自己，只能不斷地關注別人的生活，想著她曾經有過的幸福是如何被奪取、如何被自己毀了。

她對自己滿懷恨意，也對另一個女人安娜滿懷恨意。這另一個女人，就是奪去她所擁有的一切幸福，住進她的家，享受她親手布置、挑選的傢俱，取代她成為這個家女主人的小三。所以，她恨……恨到想打爆她的頭，狠狠踹她，對她大喊：臭婊子……

但她也深深恨自己。若不是她不孕，她不會無能給這個家「一個完整」；若不是她無法承受，她不會酗酒。若不是酗酒，她不會一蹶不振，令自己的丈夫厭惡、沮喪，去發展婚外情，而使得第三者安娜有了身孕，自己只能被迫簽字離婚……

人生的一團混亂，大多來自我們內心巨大的失落和潰爛的傷口。

這個故事的結局，是出人意外的真相。在真相大白後，才讓瑞秋明白，她一直活在假象裡；她的丈夫自始至終都欺騙她、虐待她，並且反覆不忠，卻因為她自己一直不願意面對「不孕」的事實，苛責自己、不能接受這樣的自己，於是藉由酒精逃避自己，也逃避承認現實究竟是什麼。如此，讓她的伴侶有了將一切真相扭曲的機會，惡意將許多錯誤認知灌輸給瑞秋，讓她以為自己真的很糟、很爛，是個頹廢而沒救的女人，比狗還卑賤。

這時候的瑞秋，讓我看見身為「女人」的悲哀。

女人啊，妳沒有自己的生活，不知道自己的價值。當有人用鄙視的羞辱對待妳時，妳不僅不敢反抗、拒絕，還深深認為自己卑微，必須背負他人的責怪，只因妳，沒有成為他人要妳成為的樣子……

女人啊，妳如果不敢清醒面對妳的人生，誰也幫不了忙。所有混亂、痛苦、辛酸，成為妳放棄自己的原因，卻不懂得放開一個從未真正愛妳的人……

女人啊，不懂怎麼愛自己、不懂自己的價值，妳就只能依賴他人的給予度日，任由別人要妳往東往西，甚至趴在地上求饒。無法為自己的尊嚴，勇敢拒絕這一段根本空洞脆弱的關係。甚至，不知道受虐為何物，讓自己在暴力中受盡折磨……

女人啊，妳要允許自己值得擁有尊嚴。妳要給予自己應得的尊重。妳模糊了自己，只是想像自己要扮演好女人、好妻子，並不會真的實現一個完美的家庭、完美的人生……

因為，人生需要妳的清醒及勇敢。

女人啊，妳在醉夢中，是否願意清醒了呢？

療心傷 3

戒斷的痛，是救命的痛！痛醒才能找回力量。

為什麼，一個人寧可人生含含糊糊地過，也不願意清醒面對現實的世界和自己呢？

那是因為，清醒的時候，心太痛。

清醒面對自己，會有太多憎惡和嫌棄的感受，好難無畏無懼凝視自己的存在。但也無法就此終結性命，不甘願和哀怨壓在心頭上，用一種苟且偷生的心態，醉生夢死，在似生似死的不真實中，好像還有一口氣在，卻又像早已不存在於人間。

對這樣的你而言，你有一個自己不喜歡的人生。而在這個人生裡，你最怪罪的，最難原諒和接受的人，就是你自己。

你痛惡自己，責怪自己，用一種慢性毀滅的方式，漸漸謀殺自己。

你習以為常，總是毫不考慮就將自己的價值所在，建立在你能完成什麼、符合什麼，能擁有什麼讓人欣羨讚嘆的條件和頭銜上。

卻始終難以明白，那些條件和頭銜，都不能真正建立你的價值。我們對自己的價值的認定，若不是掌握在自己手中，不是取決於自己的認定，那麼，那些價值的賦予，終究會像過眼雲煙，什麼都不存在。

你的價值，不在於你到底完成什麼功能、符合了什麼條件，而是在於你對自己生命的認識和珍惜。

你過去太習慣把自尊建立在「條件」和「頭銜」上，這個習慣，請嘗試改變。開始透過你自己，去衡量及發掘你的價值所在。不再把你的價值輕易交給他人來評價，或經由他人的標準，來定義自己是誰。

當你願意開始這麼做時，你的自尊，是建立在你自己獨立的判斷上。你可以自己給自己尊嚴、給自己價值感，只要你願意相信，自己的生命原本就存在著價值。當你懂得疼惜自己，那麼，就沒有理由，輕易任他人傷害你的尊嚴。

或許，你曾為了某一個人糟蹋過自己……

曾為了一段關係背棄自己……

曾為了你以為的真感情而過度天真地相信，你會被好好對待和愛惜……

卻在一次天崩地裂的打擊中，發現了這些「自以為」，不過是一廂情願的付出和給予。

雖然極度痛苦，覺得原來的世界整個崩毀，但是，若沒有那樣巨大的敲擊，你又如何能清醒過來？真實地發現自己過去的錯覺和幻想？

痛，並不是全然是打擊。有時候，痛，是拯救。

你對自己不尊重、不誠實，痛，就會出現，讓你真正找回自己、挽救自己！

痛醒後，是重新找回力量的開始；從痛中醒悟，你會走出更大的世界。

所以，你需要細細分辨、慢慢感受。一個真心愛你的人，不會只是要求你必須符合某種角色、完成某種任務，卻毫不關切你的痛苦，對你的沮喪和壓抑的痛苦無動於衷。

若你認同了這樣的對待，任由對方不在乎你是一個「人」，拒絕與你情感連結，拒絕體會你生命裡的失落及苦痛，甚至，立刻以另一段感情來填補或取代……你卻一直以為他是愛你的，無法認清他要的自始至終都是你的條件和給予，卻並不愛真實的你。那麼，你如何從這樣的黑色的憂鬱漩渦中清醒？如何從中解脫呢？

一個不懂得愛你的人，不是你生命的致命傷；你放不開一個不愛你的人，任其持續羞辱、傷害、惡待你才是。

承認現實、戳破幻想確實殘酷，歷程中的痛也讓人難以承受。但這樣的痛，是救命，就像是戒斷毒品的痛一樣，唯有不讓自己留存在幻想中，你才能開始活出你的真實人生。

真實人生，或許不完美，卻是實實在在的，走每一步路，都該走得抬頭挺胸。

列車上的女孩

片名原文：The Girl on the Train

導演：泰德．泰勒

原著：珀拉．霍金斯

編劇：愛琳．克雷斯達．威爾森

主演：艾蜜莉．布朗／盧克．伊萬斯／海莉．班奈特／蕾貝卡．弗格森

類型：懸疑／驚悚

製片國家／地區：美國

語言：英語

臺灣上映時間：二〇一六年十月

片長：一百一十三分鐘

預告連結

敬你的痛4

生離的失落、死別的虧欠，如何讓人生繼續？

《愛在他鄉》

伊莉絲的「何處是我家？」

有些人，踏入成年才第一次有了真正的離家經驗，真正一個人的遠行。無論為了什麼原因，讀書也好、工作也罷，或是去找尋生命可能的出路，在離開和害怕離開之間，我們總是五味雜陳，總是沒有真正準備好的時候。

而離家的代價，是面對生命裡無法預防的意外，讓我們經歷難以彌補的遺憾和沉痛。但不離家呢？卻也可能在有限的已知環境裡，動彈不得，感受到生命沒有更新的活力，和歷練的機會。

有時讓我們難以離家的原因，是我們害怕面對，無法守候好我們認為最重要的人、最重要的情感。父母、手足、至親……這些情感的牽絆，讓離家的選擇變得糾結。

當我們漸漸長大成人，內心難免會歷經恐懼和掙扎。渴望生命會有不同的成就，渴望蛻變、出類拔萃；卻又擺脫不了依附在原來熟悉的環境裡的念頭，想被照顧、被保護，不必經歷任何冒險和考驗。這種兩難的衝突，是我們進入社會的最初，最大的不安和拉扯。

但蛻變需要空間和機會，而所謂的成長之路，更有滿滿的不確定（未知），還有伴隨而來的各種情緒：孤單、恐懼、無助、寂寞、期待、挫折……

伊莉絲，一個剛剛踏入社會的年輕女孩，由於在家鄉愛爾蘭沒有太多工作機會，只能受雇於鎮上居民所開的一家雜貨店，沒什麼展望。

伊莉絲的姊姊——羅思，一位簿記員——為妹妹的未來感到憂心不捨，她希望妹妹有不同的人生機會。因此，姊姊拜託了一位居住於紐約市的家鄉神父幫忙，安排妹妹獨自前往紐約市的布魯克林工作和生活。

遠渡重洋、順利進入美國後，伊莉絲在一家高級百貨商店當售貨員，同時利用下班時間修讀大學的簿記專業課程，因為她想和姊姊一樣當個簿記員。在一次參加愛爾蘭人的舞會時，伊莉絲結識了義大利裔年輕男子東尼。東尼為人老實可靠，是一名水電工人。兩人逐漸熟識，成為情侶，並進而有了婚約。

當伊莉絲終於完成學業，並考取簿記員資格，卻意外收到家鄉的姊姊羅思驟逝的噩耗。極度傷心下，她決定暫時離開紐約，回到家鄉探望喪女後孤獨的母親。

回到家鄉，伊莉絲優雅成熟的打扮，及簿記員的專業能力，受到鎮上許多人的注目和讚賞。伊莉絲可以感受到，她不再是過去的那隻醜小鴨，無人關注、無人在乎。如今的她，不僅展現出自信，外貌耀眼引人注目，在思想和行為上，也受到紐約都會生活的影響，已和傳統保守的家鄉女性截然不同。

就在這個時候，透過手帕交南西的引薦，她認識了家鄉男子吉姆。吉姆剛剛結束一段關係，見到伊莉絲後，受她自信聰慧的樣貌吸引，開始以行動慢慢表達對伊莉絲的愛意。他想留住伊莉絲並與之結婚，伊莉絲的母親也希望促成這段美好的婚姻，伊莉絲可以留在家鄉，不必再離家遠行。

艱難的抉擇中，伊莉絲一度不再看東尼從紐約寄來的信，也和吉姆越走越親近。她陷入自己情感上的困境。她知道母親期待她留在家鄉、與吉姆共結連理，而姊姊生前受聘的公司也很仰仗她接手處理姊姊的工作。每當她坐在姊姊過去的辦公桌時，思念及遺憾不由得湧現，也難免心裡會想，是不是當初不要離開，她就不會失去姊姊了？

種種思慮都讓伊莉絲不再亟欲回到紐約，甚至，對於吉姆的追求，也開始樂於回應。

當一切似乎漸漸顯示伊莉絲會留在家鄉時，過去受雇的雜貨店的老闆，一位苛刻且勢利眼的年長女性，找上伊莉絲，用一種輕視又帶有威脅的口吻，告訴伊莉絲：她得到從紐約傳來的消息，伊莉絲其實已在紐約與某某男子結婚，質問伊莉絲，是否想要騙取吉姆的感情和家產？

此刻，伊莉絲驟然清醒——原來，家鄉還是家鄉，這一個處處八卦、見不得他人好、封閉傳統又貶抑人的鄉鎮，其實並沒有改變。然而，她不同了。她已無法如過去未成長之前那樣，忍受冒犯又粗鄙的待人方式。

伊莉絲與東尼終於再度在布魯克林久別重逢。而伊莉絲也真正認定自己是「回」到美國，而不是「去」美國了。

從伊莉絲的人生，回看我們每個人對人生的憧憬和迷惘，我們的生命都有必須承載的一切，同時又必得思索，哪裡才是我們自己人生的出路？無論承襲家庭所給的，或是由自己探險開創，眼前的路總是迫使我們思考，迴避不了面對選擇與承擔。

面對必須離開原生家庭的情況，任誰都有對自己的懷疑和迷惘，也總會思念那種活在安全及舒適環境的感覺，至少，不是獨自一個人承受人生的困難和挑戰。

然而，這並不是人生的真實。人生的真實是，每個人都需要為自己選擇人生的方向，也需要為自己承擔起生命課題。逃避得了一時，卻無法逃避一生。究竟，你的人生，真正要的是什麼？是符合他人的期待？還是完成自己的人生選擇？

當前方有各種選擇，所想要的都垂手可得，你更重要的學習，是對自己誠實、忠於自己的內在聲音，並做出抉擇。

有時候，離家確實得冒著突然失去親人的危險，也可能家鄉的各種變化讓人難以招架，或來不及告別卻就此失去。於是我們會懷疑：不離開是否就可以守住一切？就可以挽救至親的生命？就可以不需經歷遺憾？

失去至親的巨大哀傷、沒有見到最後一面的沉重遺憾，都會讓我們想代替某個離世的親人彌補缺憾，安慰其他還在世的親人，卻也因此漸漸喪失了自己，失去人生的方向。

伊莉絲正是如此，她不知道自己悄悄坐上了姊姊的位置，承載著姊姊的人生責任，並藉著留在家鄉，好似與姊姊的情感還有連結，沒有失去。

但總是要從環境裡，受到真實且殘酷的酸諷和冷言冷語，才能清清楚楚意識到，所在的環境究竟是什麼？是負向的環境，還是正向的環境？

而你，終究只能做自己。誰也代替不了誰，去成為另一人、過他人的人生。

那讓你熟悉、安心的「家鄉」，環境的守舊、保守，很可能是唯一沒變的；封閉、傳統、狹隘、勢利、排拒，在當中奮力生存的人只能被同化，混然不覺那樣的社會關係中充滿侵犯的惡習。如果，你因此對自己的存在視而不見，無法接受自己的不同和天賦，那麼，就只好任自己淹沒在他人的評價和認為中，過一個別人要你過的人生。

療心傷 4

沒有離開，就沒有真正往愛的方向前進的可能。

人生，是一段超越自卑、完成真我的過程。我們從小在一定的制約中成長，外在環境的語言和對待，可能不讓我們肯定自己有價值、值得獲得愛和尊重。有時候，環境貧瘠僵固，並不是時間久了就能有所翻轉或不同。

越是期待在熟悉的環境中得到保護和安全，越是會失去獨立和成長的機會。我們之所以長大要離開家，正是因為家的環境能給予、造就、扶持的，皆有其限制。我們並不是要棄家而去，而是透過自己的力量，在這個現實世界中找到自己可以生存的生活方式、獲得生命更多歷練。

只有你願意相信自己，找到內在的安全感，迎接新的人生局面，才有可能創造出一個新的你。

在生命有所移動、向前而行之後，或許無法逃避的是，過去所屬環境的一切，可能早已截然不同。你會變，過去的一切，也都在變。我們無法掌控這世界的運行，即使出現傷害和別離，也要相信這世界會有足夠的善意和關懷，幫助我們重新開始。我們最初都可能是一個天真者，以為這個世界應該「如我所想」的那樣；直到踏上了未知的旅途，才體會到探險的滋味，知道了這世界並不是我們天真以為的那樣。

既是探險，就難免驚慌失措，也難免始料未及。許多時候，我們面對龐大的未知，必須重新摸索，心中免不了興起抵抗：可不可以不要面對這些，可不可以只要留在原地，一天度過一天就好？也總會萌生退縮和放棄的意念，畢竟害怕失敗和挫折，是我們人性裡的一部分。

但是，請不要忘記了，自己為何移動、為何離家；離開熟悉的環境時，記得承接住你的心，你的心在哪，哪裡就是你的家、你的歸屬，這是你學習照顧自己的開始。

離開熟悉，雖然歷經不安及苦痛，生命卻因此得到了開闊，同時因為接觸了寬廣的世界，而讓自己所思所想、所見所聞，從此全然不同。這就是「成長」的契機。

為你值得的人生，勇敢跨出一步。無論到世界的哪裡，你是你自己最重要的支持者。只要明白了擇其所愛、愛其所擇，那麼，你為你的人生迎來的，將讓你經歷到愛，和精采的蛻變。

對於不敢跨出人生一步的人，深察你內心的恐懼吧！往往因為那些氾濫的恐懼引發諸多想像，特別是負面的想像：「我會完蛋！」「我會受不了！」「我做不到！」「我什麼都不行！」……深察你給自己的內在訊息吧！你給自己的訊息，正默默牽引你往你所設定的方向走。

開放自己的生命，告訴自己，你願意擁抱世界，願意認識真實的自己和這世界，這世界也才會對你靠近，與你有好的連結。

生離、死別，人生裡處處是關於勇氣和脆弱的事。然而，沒有離開，就沒有真正往愛的方向前進的可能。即使會背負遺憾、失落、內疚，但「離開」，

絕對是我們追尋自我，及實現真心渴望的人生，最重要的起點。

愛在他鄉

片名原文：Brooklyn
導演：約翰・克勞利
原著：柯姆・托賓
編劇：尼克・宏比／科爾姆・托賓
主演：莎雪・羅南／多姆納爾・格裡森／艾莫里・科恩／吉姆・布勞德本特／朱麗・沃特斯。
類型：劇情／愛情
製片國家／地區：愛爾蘭／英國／加拿大
語言：英語
臺灣上映時間：二〇一六年一月
片長：一百一十一分鐘

預告連結

沒有離開，就沒有
真正往愛的方向
前進的可能

敬你的痛5

退休，失落茫然的人生海嘯襲來

《心的方向》

華倫如何面對一個人的終老？

向前望去，生命，盡頭就在不遠處。孤獨和無力引發難以抑制的焦慮，困擾著心靈。

想想看，工作了一輩子，你從來不懂得花心思在自己身上，不懂得體會生活，不懂得感受世界，世上的一切彷彿快要與你無關。所有的軌道，都不需要你。你曾經參與的世界，用各種言語和神情告訴你，不要惹麻煩就好。

你想起過去你是如何付出，為家庭、為小孩，為著你身邊的人的需要，特別是為了物質生活的安頓無缺，雖然未曾成為世界舞臺的風雲人物，倒也算是奉公守法的好公民。但是，時間在你渾然不覺之中，在你為家人忙亂奔走的時候悄悄經過，從來不為你停留。青春、體力、記憶力也隨時間而去，留下一個棄之可惜、用處受限的身軀給你。

一個生命進入黃昏之年，有如飽滿的麥穗，一生經歷豐厚，讓人看見生命的厚實。但同時，也將體驗到豐收後的凋零，進入生命的尾聲。

對《心的方向》的華倫而言，過去的生活都在規律和穩定中度過。他有一份專業的工作——保險風險評估師，專門評估一個人生活型態與各種意外變故之間的關係。他所有的心思都放在工作上，一日復一日，不知不覺也走到六十六歲退休的年齡。

跟所有退休的人一樣，退休後的規畫，就是和另一半好好的環遊世界，過只羨鴛鴦不羨仙的兩人生活。豈料，退休後每天的生活中，都找不到生活的重心，早已習慣的生理時鐘，突然之間不用再為工作出勤，也讓華倫不知道該把注意力放到哪裡。於是，他開始發現和妻子之間如此陌生，看著妻子的一舉一動，有時不免疑惑這個睡在身邊的女人，究竟是誰？

一個曾經在職場上經歷過大風大浪、見過不少世面的男人，在退休後，只剩下家裡的床、沙發、書桌可待，不管做什麼都必須得到妻子的允許，像是一個不停被管教的孩子時，華倫漸漸累積挫折和怒氣，退休生活也開始進入無聊乏味的狀態。

但老天似乎沒有等待華倫適應好這一切改變，重新建立夫妻的恩愛關係，好好開展退休後的兩人生活，就讓華倫遇到了妻子的意外驟逝。妻子突然離世，把原以為的退休生活計畫全都攪亂，也讓華倫頓失生活的依靠。他本來抱怨、不滿的夫妻關係，變成了令他痛心不捨的喪偶之慟。

還沒有準備好獨立一個人生活的華倫，遭遇到落單的命運，面對一團糟的生活，處在喪偶悲傷中的他，完全無法自理自己的日子。他唯一能做的，就是期待在外地工作的獨生女，可以回家照顧他。不料獨生女已經決定出嫁，斷然拒絕陪伴傑克度過晚年生活的期待。

從職場退下、終於不再為工作而忙的華倫，因為意外喪偶，才發現他的生活，其實情感關係是很疏離的。特別是親情，女兒成長過程中非常重要的時刻，他都是錯過的。而女兒也早已習慣，所有生活裡的大小事，都只有媽媽會聽、會陪伴。

父女倆沒有情感基礎、總是話不投機，頻頻出現衝突和對立。面對父親在自己成長過程中的缺席，以及他對於母親喪禮安排的不厚道，都令女兒對華倫有諸多埋怨和氣憤。

華倫似乎沒有意識到，女兒早在自己的人生裡將他切割，不再需要他。對女兒而言，喪母過後，生活中最重要的人，是陪她面對生活大大小小事情的未婚夫，當然不會如華倫期待的那樣，能重新挽回父女關係、重新成為彼此生命中最重要的人，來得及在晚年，彌補過去沒有及時給出的父愛，並享受過去錯過的親情。

在華倫提出要女兒留下，好照顧他喪偶後的起居生活時，女兒表示希望華倫給予祝福，並且過好他一個人的生活，也讓她過屬於她自己的人生。

這當然不是孤寂的華倫想要的結局，於是，他燃起阻止女兒結婚的念頭，他甚至發現女婿一家人十分粗鄙，根本不值得女兒託付終生，處心積慮想改變女兒的決定。

在確知無法改變女兒的心意之後，華倫終究要面對任何父母都要學習的課題：放手，讓孩子擁有他們的人生，也必須學習面對一個人的老後。

華倫在參加女兒婚禮後，終於體會到，女兒確實已經不需要他了，她為她的人生和未來做出決定，這一切都不是他能掌控和左右的。在給出祝福後，他必須面對自己的生命，這徹徹底底只剩下自己的孤獨後半人生。

然而，也因為如此，他開始去體會世界、感受生活。在深夜中，獨自凝望星辰，感受思念妻子及原諒妻子之情（妻子曾有過短暫外遇的跡象）。探訪博物館和旅遊景點時，也體會到每一個人都是渺小的存在，沒有人能在歷史的洪流中長存、不消失。也沒有人能抵擋生命的逝去。

就在這些領悟的過程中，他一點一滴學會跟自己相處。

這是每一個人都需要學會的能力，不論生命是長是短，我們總會有只有自己陪伴自己的時刻。

年輕的時候，一直在追趕未來，因為未來一直來、一直來，總是有想抓都抓不完的機會，去碰觸成功。而那些稍縱即逝的情感及關係，總也不經意地就讓它溜過。時間流逝，當我們經歷過的「過去」變成大多數，豐厚卻也沉重，讓我們的生命空間逐漸縮小，能承接的未來也越來越少，這時，才猛然發現，那真正應該要留心、在乎的，早已不在身邊。

過程中，不免要歷經許多生離和死別，最後只剩下最赤裸的自己。無論你難不難為情、是否有許多瘡疤，都無以逃避，那是你最終需要學會接納和接受的自己。

孤獨，終究是我們必須面對自己的時刻。

療心傷 5 與孤獨正面交手的最好方法，就是好好體驗生活。

榮格曾說：「一個人的成熟，取決於他能承載自己多少孤獨。」

換言之，一個人如果抗拒及否認人存在的孤獨，也就阻斷自己所能夠轉化的成熟度。

成熟完整地成為自己，承擔自己的獨特，並能調節與「群體」分離的過程。成熟而坦然地接納自己存在的孤獨，內在亦能經驗到安穩，實在而不空虛。

但這樣的心理狀態並不容易。事實上，只要生而為人，我們都需要與「群體」有關係，透過同類的連繫和共依偎，感受到不那麼孤寂。

然而，因為孤獨而衍生寂寞感，和因為孤獨而轉化成更加完整的人格，是一負面、一正面，兩者截然不同的經驗。前者因孤寂而抑鬱，或罹患疾病，或憂鬱纏身；後者則從孤獨中體會到全然的自由和平穩。負面和正面經驗，或許都是必須體驗到的孤獨的滋味，在內在反覆拔河拉扯後，才能找到與孤獨感安然相處的方式。

成長並漸漸獨立的過程中，會發現自己與他人的不同。透過對自己獨特性的體察，便會經歷到因與「群體」相異而產生的人際的分離，並在人際往來間經驗到內心的孤獨感受。

這種孤獨感，讓我們在經驗分離的過程裡升起很大的不安感，恐懼在分離之後，自己是否會被「群體」全然排除，被別人徹底遺忘。

「依賴心」是迴避孤獨、拒絕孤獨的手段。透過要求他人來承擔我們的生命責任、負責照顧我們，讓他人無法離去。「依賴心」也讓我們一直處在弱者或無能者的位置，遺忘自己真實的能力，或是漠視自己其實有力量承接自己的生命課題，成為自己的依靠和助力。

人一旦有了「依賴心」，就會迴避經歷自己的孤獨；或是，為了不經歷自己的孤獨，而必須抱持「依賴心」。不論何者為因、何者為果，這種亟欲迴避孤獨的念頭，只會讓人更懼怕孤獨，對孤獨有著焦慮不安的心情，而延遲了成熟的發展，甚至是個體成長的阻礙。

與孤獨正面交手的最好方法，就是好好體驗生活，學會與自己相處。

我們無法抹滅的一個事實，就是每個人都是「單獨」存在的事實。一個人來到世上，也將一個人離開。無論身邊曾有多少人同行為伴，同行者必會越來越少。即使是至親摯愛，也都會有漸次離去的可能。

而獨留下來的、最後要相處的人，就是自己。與自己說話，與自己共度時間，自己一個人吃飯、睡覺、散步，面對每分每秒——沒有別人可以對談的時刻。

有時候，那種寂靜，散發著寂寞的味道，但你還是陪著自己體驗、品嘗。試著去感受什麼是「孤獨」，漸漸了悟，在人際上，就算我們總是能找到人陪伴，或用盡各種方式維繫人際的往來，終究無法抵銷你所要面對的存在性孤獨。即使想方設法緊緊牽繫著某段關係，讓自己感覺不孤單，那樣的不孤單也是暫時的，虛空的。只要那個人、那段關係消逝，所有的事物停擺，終究迴避不了面對自己、看見自己。

在孤獨中，請記得你還有自己。也請記得，此時此刻，你是自己最需要練習愛和支援的對象。不再假他人之手，也不再輕易推拒給別人。

心的方向

片名原文：About Schmidt
導演：亞歷山大・佩恩
編劇：亞歷山大・佩恩
主演：傑克・尼克遜／凱西・貝茨／霍普・大衛斯／德蒙特・莫洛尼
類型：劇情／喜劇
製片國家／地區：美國

語言：英語

臺灣上映時間：二〇〇二年五月

片長：一百二十四分鐘

預告連結

與孤獨正面交手的
最好方法，
就是好好體驗生活。

敬你的痛6

空虛麻痺、徹底爛掉的人生，該如何挽救？

《那時候，我只剩下勇敢》

雪兒的自我和解之旅

有時候，人生就是會幽你一默，讓你走到萬物皆空的處境；沒有親人關係、沒有愛戀伴侶、沒有事業目標，感受不到任何存在的意義。

你一無所有，只剩下爛命一條。

這樣的狀態下，你會為你的生命選擇什麼？下一步，妳該往哪裡去？

《那時候，我只剩下勇敢》中，雪兒．史崔喪母、吸毒、性濫交，並且離婚。世上最愛的人（母親）死去，而世界上最愛她的人（丈夫）也放棄她，與她結束婚姻關係。

她幾乎失去一切。如果連勇敢也沒了，就真的是萬物皆空了。

雪兒自幼長期目睹父親酗酒及家庭暴力，在年紀尚小的時候，與母親和弟弟一起逃離了父親。之後的生活，與母親有無法分割的情感牽繫，像是為保護母親而活，又像是依賴著母親而活。

隨著突然得知母親患病，在很短時間內就面臨了死別，她和弟弟的情緒都經歷了過重的悲痛，導致崩潰，也無法面對關係中的彼此，而漸行漸遠，不再連繫。

愛的失落和親情的消失，讓雪兒不得不在海洛因及和陌生男人的尋歡中尋求片刻慰藉，直到自己的婚姻瓦解、真正愛她的伴侶也必須離去，她才驚醒。

她年僅二十六歲，生命已陷入黑暗漩渦，在毀滅邊緣。痛定思痛的她，揹起沉重行囊，毅然踏上一趟長達一千英哩的遙遠旅途。沿著美麗又殘酷的太平洋屋脊步道，她一步一步嘗盡了孤獨的滋味，也終於面對自己內在那些深層的痛楚和罪疚，經驗她自己生命的重生，彷彿眾神都在為她祝福。

雪兒．史崔內心最深層的痛是什麼，讓她幾乎將自己的人生全毀？她的痛，在於她失去生命中最重要的精神支柱——這個她原本有些瞧不起的母親，卻絲毫不覺自己其實是多麼依賴她、需要她。

過去的雪兒，因為目睹母親被家暴的經驗，而產生了自我防衛，性格裡有著一股逞強的驕傲，總是認為母親的人生做了許多「壞選擇」。在母親離世之後，她才看見自己的無知和軟弱，她是多麼需要母親給予的愛和保護，才能有不同的人生機會。沒有了母親，她體會到的所有支持與愛全然消失，再也無法感受到。

於是她麻痺自己、放棄自己，讓自己像個動物般活著，只求迴避痛苦，不要感覺到痛苦。性、毒品、酒精都成為她逃避痛苦的依賴品，也為她帶來一場糊塗的人生，一個無可救藥的自己……

如果這是你的人生，你打算從哪裡再開始？你會相信還有機會重生、還有機會重新見到一個可愛的自己嗎？

或是，你會覺得自己爛透了，對自己失望透頂，而把所有可能再挽救自己的機會，都放棄掉？

生命不可承受之重來臨時，那就是人生的苦難。難以承受之重，以千萬種形式存在。每一份苦難及失落的發生，都讓我們不得不瞥見自己的軟弱、不堪、無助，及恐懼。

我們在過程中也不得不翻攪出關係中積累已久的愛恨情仇，那些複雜到難以說清楚究竟是什麼的經驗。

雪兒花了非常多時間徹底報廢自己的生命。她所用來痲痺自己的方法：性濫交、毒品、酒精都是錯誤的依賴，然而，之所以依賴這些會上癮的物質，或是和陌生人進行性交，都顯示了她內在的空虛和痛苦。

失去了她內在的安全堡壘——母親的愛時，她還不夠有力量承接住自己的生命重量。她還沒有準備好真正長大。她不敢相信，母親怎麼可以說離開這個世界就離開？母親怎麼可以就這樣不告而別，丟下了她？

內在的痛苦和崩潰，使得雪兒的人生崩塌，彷彿被從這個世界的軌道拋出，再也找不到認同的規則和秩序。母親過去用盡生命給予的保護和支援，成了令她痛不欲生的拋棄。

這一份痛苦，讓雪兒拒絕再感受愛、信任愛。她不想再跟任何人有情感牽扯，所以遠離了自己的人生伴侶，轉向沒有情感交流的陌生人，以性交的快感來麻痺需要愛的心靈。

直到她的伴侶終於也離開她，而她不知道自己肚子裡的小孩是誰的……她才猛然驚覺自己是如何糟蹋自己。她想要重新開始；她想找回母親所愛的那個女兒，她想找回一個「可愛」的自己。

於是，她踏上了太平洋屋脊步道，這是她的生命唯一剩下的——勇氣，讓她開啟與自己和解的道路。

一路上的寂靜和全然的孤獨，總讓雪兒必須誠實面對自己，也免不了回想起許多與母親之間的對話和互動。她緩緩回看，偶爾心驚、偶爾悲痛、偶爾懊悔，偶爾感受到遺憾和罪疚……但直到完成艱難的孤獨旅程後，她終於承認了，她對母親的愛和思念，也終於重新擁抱了情感，和自己。

誠實地見到所有的自己，誠實地承認自己的光明和黑暗，誠實地擁抱自己的脆弱和勇氣。若不是生命過往的所有經歷，也不會有一個領會、接納、重生的自己。

蛻變，是經歷過長時間黑暗的蟄伏之後，卸下過往的沉重而不再適合存在的舊我，給予自己一個嶄新的生命型態，打開心，飛向未知卻充滿愛的世界。

療心傷 6

幸？不幸？獨特遭逢不正是讓我們通透人生？

當你遇到人生的絕境，你會相信自己還能絕處逢生嗎？

當你只剩下你自己時，你還會再一次擁抱生命，趨向愛？人生裡，除了死亡，你所看見的絕境，真的是絕境嗎？還是絕境給了我們徹底重來的機會？

我們可能太害怕自己無能承擔，恐懼那份未知及不確定裡，有太多難以想像的困難和艱辛；不知道只有自己獨活的情況下，生命會活成什麼樣……

所謂的絕境，正是他人未曾踏上過的路。這條路，要由你自己獨行，由你開創。而最艱難的，是誠實面對所有走過的歷程，面對每個面貌的自己；不論是優美的或是醜陋的、高雅的或是難堪的，是大無畏的，還是膽怯無知的自己。

當你走上這一段前所未有的旅路，你要留意，這是一段尋回你自己的旅程，充滿艱難、挑戰、辛苦，及許多潛伏的危險。考驗的，不只是你的韌性及毅力，還有你如何把自己救贖回來、擁抱回來。

一路上越是孤獨，越是為了讓你真正面對自己。

我們勢必要面對，如何堅持完成屬於自己的旅程？如何信任自己可以存活下來？如何辨識前來的是友還是敵？又如何與自己並肩同行，不背叛、不拋棄、不再切割與斷裂？

過程中你會漸漸懂得：坦然面對自己的心碎，是勇敢；接受自己的一無所有，是勇敢；在絕望中堅持下去，是勇敢；決定原諒自己，是勇敢；正視自己內心的恐懼，是勇敢；找回一個被愛的自己，愛回一個真實的自己，是勇敢。

真實的人生中，幸與不幸不是截然對立的分野，也不是截然斷裂的存在。幸與不幸，在我們的人生裡相連接、循環。從幸中，經歷了不幸；又從不幸中，感受到慶幸。

沒有人是絕對地幸，或絕對地不幸。我們所經歷的「獨特遭逢」，不正是讓我們通透了可以覺醒、能夠領會的意義後，讓我們更涵納人生的真實，並且明白人生裡真正珍貴的是什麼？

願你在你的人生裡，以勇敢，愛回自己，以愛，繼續擁抱生命。

那時候，我只剩下勇敢

片名原文：Wild

導演：尚—馬克・瓦利

編劇：尼克・宏比／雪兒・史翠德

主演：瑞絲・薇斯朋／蘿拉・鄧恩

類型：劇情／傳記

製片國家／地區：美國

語言：英語

臺灣上映時間：二〇一五年一月

片長：一百一十六分鐘

預告連結

幸？不幸？
獨特遭逢不正是
讓我們通透人生？

敬你的痛7

不被理解的黑暗，唯有愛能帶來曙光

《不存在的房間》

裘伊被截斷的創傷人生，因愛而倖存

你的人生是否也深藏著一種他人很難理解的傷痛？那種傷痛，全世界沒有一個人知道你正在承受，也沒有人能懂那究竟有多苦。

你置身在黑暗裡，求生不得、求死不能。你不像一個「人」那樣活著，最好能麻痺所有感受，對你所經歷的毫無感覺，因為除了疼痛和不堪，你還能感受什麼呢？所以，你封閉了感覺，讓自己不像「人」地活著，索性當一個冷冰冰的工具。

你甚至不知道該不該期待有解脫的一天；還是，不要多想，以免一旦要反抗或逃跑時，反而遭受更大的折磨和痛苦。

《不存在的房間》說的是一個這樣的故事：沒有人知道的折磨和虐待，在這世界上的某個空間天天發生。不僅無人知曉，也沒有人能伸出援手，挽救那些受創受痛的遭遇。

五歲的男孩傑克，從出生那天開始，就活在一個不為外人所知的房間裡。他與母親裘伊相依為命，未曾見過外面真實的世界，所有對於世界的了解，都是從電視節目或母親說的故事中得知。

日常生活之外，當有一位被母親喚做老尼克的男子進來過夜時，他得聽媽媽的話，躲進衣櫃裡假裝睡覺。他有很多不明白的事，但只要有媽媽在，在這個房間裡，還是被保護著、照顧著。

媽媽漸漸跟他越說越多，所說的事情越來越奇怪，讓傑克好害怕。

原來，媽媽裘伊在十七歲時受陌生人欺騙，以為陌生人的狗需要她的幫忙，而被拐騙擄走，從此被陌生人囚禁在這個房間裡，受盡暗無天日的侵害，甚至讓她懷孕，生下了孩子。

這個男子雖然會拿一些食物或物質進來，供裘伊維生，卻也讓她失去七年的人身自由，彷彿不存在於這個世界。

經歷了七年，裘伊再也無法忍受，她想要回家，回到真實的世界。她需要兒子的幫忙。

她要兒子裝病，想要求男子帶兒子去醫院看病，好讓兒子脫逃，設法求救。但男子堅持不肯，只願意買藥回來給傑克吃。於是，裘伊又把兒子捲在地毯裡，讓兒子裝死。並反覆訓練兒子，在男子開車運送「屍體」時，找機會逃走求救。

千鈞一髮之際，兒子順利逃脫，獲得員警的營救，裘伊終於重獲自由，回到自己的家。但也開始一連串的焦慮和不安，特別是失去了那七年，她的世界已不再相同；她的父母離婚，母親有新的伴侶。她的高中同學們，人生都順利地繼續前進，而她，錯過了七年的教育，所有的人際關係都瓦解了，再加上父親排斥她所生下的小孩，連看一眼都困難，更讓她感受到強烈的挫敗和壓力。

裘伊消失的人生要如何重新開始？如何能告別那七年的陰霾和創傷？她的人生已經被那七年的日子完全破壞，該如何與世界相處，裘伊毫無頭緒。

倖存下來、獲得解救，並不表示所有的困難都結束，也不表示裘伊和傑克可以從此過著無憂無慮、無任何傷害的生活。

民眾的好奇、新聞的追蹤、記者的質疑，每個過程都讓裘伊經歷到被窺探的不舒服。尤其，記者質疑裘伊，為什麼沒有以自己來做交換，讓孩子可以被歹徒釋放、擁有一個不同的童年？這令裘伊感到愧疚，深覺自己是一個不適任的糟糕母親，企圖自殺。雖然被傑克發現而自殺未遂，裘伊卻再也無法面對傑克，獨自在醫院療傷。

傑克每天一邊等待著母親歸來，一邊學習認識這個真實的世界。傑克的純真和單純，是裘伊用盡生命所有的力量，為傑克守護的。即使裘伊並不是完美的母親，有她自己的軟弱和寂寞，需要依賴傑克的存在讓她有活著的勇氣，但她對傑克的愛和教導，卻沒有任何扭曲和病態。

所以，傑克成為一個有愛的生命，一個對這世界抱持友善和純真的孩子。他也愛著媽咪，把自己從未剪過的的長髮剪下，託給外婆轉交媽媽，因為他記得，媽媽給他一顆她所掉落的牙齒時，曾告訴過他：「即使有一天分離，我有一部分在你那裡，我的力量就會和你在一起。」

傑克想要讓媽媽知道，他的頭髮給了她，他的力量就與她在一起，他希望自己的力量，也會是母親的力量。

而當裘伊收到傑克的頭髮後，明白了傑克要讓她知道他的愛——他們都因彼此的存在而堅強地活下來，因為對方，活著才有了力量。接下來的人生或許還是很難走，但他們仍會繼續一起面對未來，即使未來充滿未知。

他們知道，必須要先好好向過去告別，他們才能繼續往前走。

在傑克的請求下，母子倆再一次回到那個曾經相依為命的房間。而那個暗不見天日的房間，已經不像當時的房間，因為深鎖的門被打開了，外頭的光照進屋裡，過去賴以為生的物品也已被警方蒐證搬空，一切真的都已結束，過去再也不存在了……

在這一刻，他們向過去的、不被理解的黑暗經驗一一告別，他們選擇擁抱陽光，走向真實的世界：有天空、有白雲、有風、有鳥、有樹、有人，能好好呼吸，能自由地體驗和感受所有的一切。

就算世界並不完美、壞事還是存在，但能真實地擁抱家人、感受愛，及體驗屬於自己的人生，仍是值得我們用盡所有生命力氣，把自己救回來。

不是嗎？

療心傷 7

受傷受苦已經夠了，不需要再賠上所有的人生。

當我們的人生，深藏著不被他人所理解的經驗，那會是一份很深的孤立感，和與世隔絕的疏離感。

彷彿和這世界，再也找不到語言連繫，找不到方法溝通。生命中的孤寂經驗，讓你像是深埋在幽暗的地底下，無人能看見，也無人可觸碰。不會有人了解你有多窒息，也不會有人真的懂你究竟是如何活下來的。

對別人來說再輕易不過的生活，卻是你苦求不得的。你可能想不通究竟哪裡出錯，為什麼偏偏是你遭遇到？你也不明白，這一場痛苦的生命災難，要找誰來為自己討回公道？別人怎麼可以就這樣過著平順的日子，你卻每時每刻都在恐懼的壓迫下，生不如死？

許多人對世界的認識極其貧窄，認為這世界只有善良和光明，無從想像殘忍和虐待的惡行一直存在於某個黑暗角落，不曾終止。

而遭遇殘忍虐待和傷害的生命，對只相信善良和光明存在、排除黑暗和不幸的社會，無言以對。因為一說出口，只會感受到更大的不理解和質疑。

人要能「感同身受」實在太難，對於很難理解的遭逢，人們習慣很快地給予不切實際的建言，和自以為是的評論。

那些不為人知的生命經驗，終究只能孤獨。

這是創傷者的孤獨，及與世界的斷裂。當受苦的生命經驗無法被另一岸的世界所包容，允許有適切的位置存在及發聲時，生命所感受到的憂鬱與沮喪、憤怒及悲痛，就只能被一再證實。甚至，令受創者懷疑自己根本不該存在於這個世界。

受創者的經驗是真實的；對他而言、對他的生命來說，創傷經驗實實在在發生過，曾深深撞擊他的生命，致使生命被錯待、錯置，甚至完全遭到破壞。

當外在環境的他人及社會過度簡化真實經驗，不在乎真實經驗的存在時，個體創傷的記憶被迫註銷，無以言說。

當人無法表達生命真實有過的經驗時，取而代之的是空白。生命變成零散而片段的空白，再也無法找到與世界連繫的橋梁。

真實的創傷經驗（無論是何種形式的創傷）龐大又沉重，猛然的撞擊讓生命七零八落，豈是三言兩語就可以表達、安排幾次心理晤談就可以言盡的？豈是三兩次與朋友、家人的對話分享就可以拋擲的？

所以，創傷的療癒需要耐心，需要溫柔，也需要等待。

越艱難的事，往往越需要時間的寬容和慈悲。

千辛萬苦的療傷歷程中，若是可以感受到一份愛的同在，無疑是受創的人、破碎的心最需要的力量。讓受創的人明白：有人在心疼你的受苦，這不是你的錯；雖然這一切發生在你身上，卻並非意謂，這是你的錯誤所造成的。

你的受傷及受苦，已經夠了，你不需要再賠上所有的人生。

你仍有權利過你要的生活。你有權利找回屬於你的世界，把自己重新擁抱

回來。

傷害和虐待，不該發生在任何人身上。你不需要因為惡事發生在你身上，而認同你的生命是不好的。那些人的錯誤，該還給那些人承擔。你甚至不需要勉強自己去原諒或寬容，而是要把原諒和寬容，留給劫後餘生的自己。給予自己一份堅定的承諾——不會認同那些壞的對待和遭遇，也不會持續讓那些記憶綁架你、侵犯你、吞噬你。

打開你的心門和心窗，當你打開你的內在世界，你的內心就不會只是黑暗，而有了光亮。

你不需要外在世界的人認同及憐憫你的處境；而是你對自己的原諒和接納，讓你有了力量，迎接自己生命的新希望。接下來的生命，你已不再被誰勒索和威脅，你將成為自己真正的主人及保護者，離開邪惡和冷漠的角落，不再是它們的俘虜，也不再受它們支配。

這是你超越那些創傷的時刻，創傷並沒有讓你失去自己，沒有讓你變成一個你也不認識的人。

好好成為擁有本質的你，完整擁抱真實自己，是你對那些帶給你創傷的人，最強大的一擊。

不存在的房間

片名原文：Room

導演：倫尼．阿伯拉罕森

編劇：艾瑪．多諾霍

主演：布麗．拉爾森／雅各．特倫布萊／瓊．艾倫／西恩．布里吉／威廉．H．梅西

類型：劇情／家庭

製片國家／地區：愛爾蘭／加拿大

語言：英語

臺灣上映時間：二〇一六年二月

片長：一百一十八分鐘

預告連結

從沉睡中醒來，眞正知道自己是誰

《翻轉幸福》

如實找回自己的夢和天賦的喬伊

生命裡的「翻轉」二字，其實從來都不是容易的。往往經歷非常漫長且艱辛的過程，嘗盡了世間冷暖、走過了生命的風暴和沙漠、穿越了低谷和險峻山崖，才能如實領受「幸福」滋味。

要從「辛苦」翻轉到「幸福」，不僅考驗的是毅力、是意志，更多的時候，是人際之間糾結的問題：出賣、背叛、利用、占有、誣賴、仇視……

所有走過的每一步都困難；每一個過程，都是「恐懼」和「勇氣」之間的拔河和對決。你以為是機會的，後來卻成為你的危機；你以為是危機的，卻是帶你走往另一個階段邁進的轉機。

誰能真正有把握，下一刻，究竟會面對什麼？

《翻轉幸福》的故事，正是這樣的故事。沒有奇蹟般的劇情，讓你以為只要天真地在家等機會，機會就自然從天而降。或是，只要自命清高地認為自己終究會有成就，而不願面對現實的困難與挑戰，夢想就幸運地自然而然地成真。

如果像一個天真的幻想者般看待人生，終究要面對一場空的局面。

喬伊是兩個孩子的單親母親，和外婆及母親共住，還要收留前夫及已和母親離婚的單身爸爸的投靠。母親失婚後的「失功能」，讓喬伊不僅要照顧自己的孩子，還需要照顧因為婚姻受創的母親，同時背負債務，活在一個「沒有自己」的生活中，不斷承擔他人的生命丟過來的問題。

接二連三的挫折和生活壓力，讓她頻頻做惡夢，夢到孩提時代的自己，對她充滿失望，因為小時候的她是一個充滿創造力、樂於為世界帶來美好的女孩。但父母關係的崩壞讓她犧牲了自己的夢想，也忘了自己曾經有的能力，而讓靈魂沉睡，只做一個不斷承受家人需要，及讓家人無盡依賴的「麻煩收拾者」。

頻頻做惡夢後，她開始認真回頭去面對自己的人生，看見自己沉睡了十七年，忘了自己是誰，也忘了自己的天賦。而後，她開始啟動她的創造力，進行發明，開始了她的創業。

但是，看似翻轉契機的時刻，一波一波的挫敗和困難卻不斷來襲，甚至最愛她的外婆突然過世，又遭遇同父異母的姊姊的嫉妒和暗中破壞，加上父親的看衰，及逼迫她不得不宣告破產……都讓她面臨了身心的崩潰。

這樣的遭遇，讓她每一刻都感到痛。在她走到看似無路可走的那一刻，她竭盡心力哭著：我這麼努力，又怎麼樣？這世界不要一個努力的人，早知道我就該像媽媽一樣，逃避在電視裡就好了⋯⋯

是的，有時候這世界就是讓人那麼洩氣。努力又如何？努力越多，往往打擊越多。用盡心力，卻往往有許多人等著看你失敗、看你落空，而顯少真的相信你，陪你一起面對、一起走過。

但也因為這是你必須看破，也必須勇敢面對的「現實」，而不是選擇逃避到電視機（或3C）裡，你才有可能真正蛻變，成為一個有力量的強壯生命，也才能讓局面，真正握回你自己手中。

一旦你還期待任何人幫你承擔，還期待任何人給你依靠，你就不可能真實地「翻轉」生命，實現「幸福」。因為你以為的「幸福」，還是那種繼續等待某個人出現，來拯救你的不幸，給予你所想像的美滿和快樂，而不是由你自己去創造屬於你的生命價值。

我們的生命，都擁有我們面對人生所需要的內在韌性。然而，要能啟動韌性，來自我們真實認清，生命需要的是勇於自我承擔。

人生要能看見幸福，並沒有奇蹟，而是取決於你的正確態度。正確態度、正確思考、正確面對，切勿過度樂觀地以為，只要靠默念冥想，幸福就會成真。

恐懼，總會讓我們想要依賴，也渴望拯救。但是，一旦你這樣期待了，「翻轉」就會離你越來越遠，而「幸福」就會越來越渺茫。

只有你誠心面對、勇敢改變，力量才會出現。「喜樂」（即主角喬伊之名Joy）因此發生，在你為生命盡力奮鬥後，真正為自己感到榮耀的那一刻！

這也是《翻轉幸福》的喬伊，最後為自己贏得尊敬的原因，扎扎實實的走過所有的過程，不是靠僥倖，也不是靠投機，而是盡自己所有能做的。如果還有辦法，就絕不輕言給自己下結論。

療心傷 8 讓全力以赴的歷程，成為下一次經驗的養分。

所有創業者，不論哪一個領域，若是成功地持續經營，他們一定都經歷過大大小小的挫折和失敗經驗。成功，往往是來自這許多失敗和挫折的累積。但不同的是，能走到最後的成功者，並不是沒有過放棄的念頭，而是在想要放棄之後，仍會重拾力量、學到調整的方法，繼續堅持下去。

許多時候，邁向成功的人，也不是從來不感覺害怕或沮喪的人，而是在害怕和沮喪過後，他們仍繼續面對問題、學習克服，並且相信自己有能力去學習及面對。

人生，要真能「翻轉」，就在於你能「翻轉」為成熟的那一刻，一切開始不同。不再幼稚、不再一心幻想著有人拯救、不再老想要縮回最安全的舊殼裡取暖，或是不再幻想著「不要長大」。

當你承認這是你遇到的處境，要由你自己決定如何選擇、如何面對，需要以你的所有資源、能力，去設法找到突破的方法，你就真正開始活出自己的力量。

機會，是給能夠去迎接它的人。人的一生，都有無數機會，然而，有些人，即使機會來了，也會因為自己的害怕和擔心而錯過機會，甚至埋怨機會為什麼要來，徒增他內心的壓力。

而能在人生經驗中，屢獲有益的歷練、自我提升的人，往往不是「靠努力」幾個字，就可以一語涵蓋，而是每一個關卡、每一個挑戰都扎實地走過，用身經百戰的經驗，學習自己人生的智慧。

當然，不能否認的，我們內心的膽怯和不安，總會以「自我懷疑」出現。當你失去了對自己的相信時，他人的看衰及不以為然，每個字、每句話，都可能使你傷痕累累。

你甚至會三不五時感覺到，這世界像是有一股無形力量，總是在你無法預料的時候，給你猛然的一擊，把你打趴在地上，起不了身。但即使摔得鼻青臉腫，如果你還是從地上爬起來，堅持繼續往前走，這世界，不，這宇宙祝福和幫助的力量，也會開始在你身邊環繞。

考驗的意義就在於：測試這是不是你真心想要的，或是否值得宇宙助你一臂之力。實實在在的成功，絕非僥倖，若是抱持僥倖心態的人，自然無法因應現實的挑戰和考驗。不只無心面對，也無能力處理，只有不了了之了。

即使失敗如影隨形，只要我們堅持探究、學習、思考，向他人真誠請教，我們的生命，終究會回饋成長給我們。所以，當失敗發生時，不是去認同你自己等於「失敗」，而是認清造成失敗結果的問題點在哪裡，不需要批判和自我責罵，僅僅需要去了解如何改善，以及下一回，要多準備些什麼。

因為失敗的結果，而過度認同自己等於「失敗」者，是浪費「經驗」者，也是自我放棄者。不僅退縮，時常感覺恐懼、擔心、焦慮，還擅於恐嚇自己「一定失敗」「一定辦不到」，而鬱鬱寡歡。

這種認定自己等於失敗及不幸的思維，即使有再多新的機會、新的可能來臨，也會默默走向「失敗」的方向，以「驗證」自己的「一事無成」。

除非你意識到自己「認同自己等於失敗」，否則，你要如何能突破這自動化的思考，停止活在自我否定中？

對於人生的成功者來說，他們體認到的「翻轉」，不是把命運交在別人手中，等著別人給予或左右，而是掌握自己的命運，為自己的命運付出最大的心力，全力以赴。

在全力以赴之後，讓過程及結果成為下一次經驗的養分。而不是先設定了結果應該要符合完美的期待之後，太過於害怕失敗和失望，反而寸步難行。

如果你用心、深刻地經驗每一個來臨的機會和歷程，那麼，走過這些歷程之後，必定在你身上留下歷練的痕跡。這些歷練必將讓你成為更加通透人生之道的智慧者。不僅開啟了自己智慧的寬度和廣度，同時，也貢獻這一份智慧給予這個世界。

只要不是自我中心地只求滿足自己的需求，世界會非常樂意看見你的成功及貢獻。因為你的成功，將成為世界的提升力，成就一個更好的世界。

翻轉幸福

片名原文：Joy

導演：大衛・歐・羅素

編劇：大衛・歐・羅素／安妮・瑪莫羅

主演：珍妮佛・勞倫斯、布萊德利・庫柏、勞勃・狄尼洛

類型：劇情

製片國家／地區：美國

語言：英語

臺灣上映時間：二〇一五年十二月

片長：一百二十四分鐘

預告連結

敬你的痛9

愛別離後，獨自一人的哀傷何時能盡？

《百日告別》

天人永隔的愛侶，無人能懂的傷悲

一場連環車禍，讓育偉與心敏在這場車禍中痛失各自的伴侶。育偉痛失的是妻子，心敏則是從此與未婚夫天人永隔。

在傳統百日的喪期裡，他們從混亂失序的生活中，摸索日子該有的樣貌，和自己該如何面對這一場人生的驟變。而最不需要的各種忠告勸說，或是不理解的擔心，總是在環境中不停出現。直到上山進行百日祭，他們才從震驚及破碎中慢慢回神，經歷屬於自己的悲傷，哀悼與摯愛的告別。

這是《百日告別》的故事，是我們每一個人這一生都可能經歷到的失去和告別。你是否已走過這樣的遭遇呢？

失去之後的百日，是最為苦痛的時刻。這些日子，稱不上是日子，因為你感受不到真實活著的感覺，只覺得自己像是一個有肉體的機械人，必須完成某些事情，或是必須處理所謂的後事，包括送別的任何儀式。

就在突然之間，你熟知的世界驟然崩解，你以為的該有的人生完全變形，沒有人認得出你原本的生活，連你自己也感覺到，再也找不回過去生活的影子。

曾經如此熟悉另一個人存在，他的笑、他的擁抱。他逗你笑、他和你打鬧，你們有共同的生活、共同的未來、共同的計畫、共同的努力……

卻在某一個再正常不過的日子，他突然離開了你，從此消失，不再出現。不再給你回音，不再告訴你任何你再熟悉不過的話。

他就這麼走了；你，就這麼成為一個人。成為那位「未亡人」，甚至可能連「未亡人」身分及資格都不具有。

你怎麼可能不心碎？

從那天以後，你失去了一切和他的連結。你說話的另一端、凝視的另一端，不再有回應。你渴望的擁抱和觸摸，再也無法從對方身上感受到。別人說再多勉勵安慰的話，永遠都不對。那些旁人試著給出的慰藉，也不會真的取代或抵銷了什麼。

你成了這世界的「孤魂野鬼」，感覺自己不屬於這世界。然而，你再如何想要放棄自己，你仍然無法歸屬於另一個世界，與所愛的人，重逢。

花開花落終有時，你注定成為獨留在這個世界的人，無法就此離去。卻也難以就此與愛別離，無所思念及牽掛。

當儀式完成，為對方的離去，給予彼此一段人鬼殊途的告別歷程，卻發現，你還是難以和這個世界產生關係和連結，你不知道究竟該如何在這個世界，繼續活下去。

心空了，魂散了，眼糊了，身影也虛了，彷彿沒有任何人看得見你，你也無法再感受到自己。除了在心的深處，你的痛，仍在。

而這痛這傷，何時會好？

「不知道什麼時候……」

沒有人可以回答。

但在你發現，其實那愛的存在，是連巨大的悲傷都無法否認與驅逐的、是你們共同存留於你記憶的證據時，你找到一種方式和一個位置，讓那所愛的人在生命中與你重聚、與你重逢。從此，你活著的日子，都見證他的存在，也讓他繼續活在你生命中。

你找到生命與哀傷共同存在的方式。獨自走著你自己才懂的這一條路、這一段過程——依隨你自己的腳步。

你無法向誰說明，你也無需向誰解釋，只有你自己知道……

療心傷 9

受苦越深，越能夠靠近慈悲、領會慈悲。

許多人生的離別，來得破碎、來得猛烈。那種心痛，是用任何言詞話語都無法安慰的。更別提有些人說出來的話根本不是安慰，而是建議、忠告、恐嚇和斥責。

生離死別，是人生裡最痛的經驗。最沉重的心痛，是找不到任何語言可以安慰的。也無法以他人的價值觀，強加秩序和現實，強行介入干涉，就能抵銷或摒除悲傷所需要走過的歷程。

對當事人來說，也沒有任何語言，可以真實表達出，這一份失去至親摯愛的痛有多麼沉重及強烈。

於是，喪慟者和這個如常世界，形成了無法連結的斷裂，也彷彿被拋出常軌，找不到回到世界的軌道。

有時候這樣的疼痛及悲苦，只需要有個願意靜靜理解、默默陪伴的人。但這卻是最難。因為人們看見另一個人的受苦受痛，因為關懷之心，或者因為泛起同情，或是來自對負面情緒感到難受，都會因此失去了尊重的態度，衝動的、自以為是的跨入他人的生活領域，強加評論和解釋，甚至制止喪慟者去真實經歷自己內在所經驗到的悲痛。

對於華人社會來說，「壓抑」感受，「壓抑」真實情緒，幾乎是人人自小被制約的習性和反應。為了符合社會主流價值、「優秀」「乖巧」的行為標準，為了合乎禮教，我們都擅於壓抑內在真實的感受和想法，讓自己獨撐所有辛酸和悲痛，也絕不外顯我們的脆弱及無助，以避免讓別人有機會指指點點。

我們以為，對外在最大的防衛，以及對自己最大的保護，就是不讓人看見我們的脆弱和傷心，所以，我們不哭，絕不流淚，要自己在人前淨說些讓人覺得放心的話，故作堅強。然而，內心無盡的悲傷，和對未來的空洞，卻是分分秒秒都在侵蝕著心靈和意志。

這樣的心痛，我們怎麼獨撐得住呢？但不這樣獨撐，我們又能如何？

其實，所有的苦痛，都需要一份「慈悲」。對「悲」動了「慈」心，因為深知悲傷的難以承受，深知悲傷的苦是人逃避不了的，唯有包容，唯有接納。

苦難，之所以稱之為苦難，正因為對人而言，那是生命的難關，也是生命的受苦。許多苦難的發生，沒有任何方法可以逆轉或挽回，人就只能承受這一連串的擊潰，承受到足以去接受、承認：這是自己生命裡所發生的一部分，不再去找到底哪裡出錯，也不再歸咎誰是罪魁禍首。

試著從苦難中「放過自己」。知道自己已經承受許多，也知道自己的渺小，無法全然洞察一切發生的因果。停止以我們有限的知識，去為苦難之所以發生強加解釋，也不要去聽取他人對於你所承受的苦難事不關己的評論。這世界、這社會，確實不會因為苦難的發生，就讓人生出同理心。為了不要去體會和感受苦難的存在，抱持冷漠的態度，以冷言冷語的方式將苦難隔得老遠的人，更是常有。

除了上天的慈悲，你無法期待他人慈悲。但是，請讓自己的內心因苦難的發生而種下「慈悲」的種子。因為受苦越深的人，往往是越能夠靠近慈悲、領會慈悲的人。

因為痛過，才能真正懂了人生。

或許，你還是因著無人能懂你的悲痛而孤獨，而受傷、脆弱，你可能還不知道如何縫合破碎的心，在這樣的時刻，你更需要停止所有的殘忍繼續再發生於自己身上。

療傷，才能止痛。知道自己受傷了，知道自己無法再承受更多殘酷，所以給予自己足夠安心的療心時間，摸索療傷的方法。不要因為要給別人交代，而陷入「時間」的迷失，要自己快好、快快恢復。所有的療傷都需要歷程，對自己失去耐心、失去關懷、不知道如何對自己好，都會讓療傷過程，成為另一種逼迫和破壞。

療傷的過程中，如果你還能想起那離去的摯愛曾經如何深愛著你，願你所記起的那份愛，在你心中，給予你足夠的溫暖，陪你在人間，完成你的生命旅程。

百日告別

導演：林書宇
編劇：林書宇
主演：林嘉欣、石錦航、柯佳嬿、馬志翔、張書豪、李千娜、蔡亙晏
語言：華語
發行：臺灣
臺灣上映時間：二〇一五年十月
片長：九十六分鐘

預告連結

受苦越深，
越能夠靠近慈悲
領會慈悲。

敬你的痛10

即使幸福太早離開，我依然爲你勇敢

《P.S. 我愛你》

荷莉告別所愛後的第二人生

如果你身旁有愛人，每天如膠似漆地在一起，即使偶爾鬥嘴鬧脾氣，生活還是有著一種安穩、一種篤定。因為你知道，只要身邊有他（她）在，不論經歷些什麼，都是兩個人一起面對，一起處理。這是屬於你們的共同人生，你們吵吵鬧鬧、柴米油鹽，過著你們的平凡日常。

但是，你們被迫要分離，不是你們的愛所剩無幾，也不是你們終於認了彼此不再適合一起走下去，而是，死亡來訪，讓你們其中一人必須提早離開人間。你們還愛得不夠，卻不再給你們時間和機會，讓你們的愛，可以走到世界的盡頭。

「我愛你」總是說得不夠；「我愛你」，最怕的是沒有機會再說。

《P.S. 我愛你》故事裡的荷莉和蓋瑞，是一對住在曼哈頓下東城的夫妻。他們彼此相愛，也偶爾吵架。某年冬天，蓋瑞突然死於腦瘤，荷莉才開始意識到，自己如此深愛著蓋瑞，為何過去要花這麼多時間做無謂的爭吵？

失去愛的荷莉，悲痛、孤單、無盡的哀悼，逐漸封閉自我，不再與家人和朋友往來，也無法再過有功能的生活。屋子凌亂不堪、工作提不起勁、日子有一餐沒一餐。

她把自己鎖在屋子裡，裡面有太多她和蓋瑞的回憶。每一個角落，都有蓋瑞與她對話的記憶：蓋瑞逗她笑、蓋瑞和她爭執、蓋瑞為她唱歌……

在失去之後，每一段記憶，都成了不想忘記的過往。因為有那些記憶，荷莉才深知，自己是如何被愛護著、被包容著。然而，這樣的發現，讓荷莉更是悲傷，好希望能回到從前，再一次感受那看似平凡卻甜蜜美好的日子。

荷莉無法停止自己的悲傷，和對人生的無望。她不知道自己的人生接下來該往哪裡去。她甚至什麼都無法多想，只能把自己關起來，遠離這個世界。

直到荷莉三十歲生日，荷莉的媽媽和閨密們，決定督促這位年輕喪偶者面對未來。他們群聚到荷莉所住的公寓，送給荷莉一個生日蛋糕，並交給荷莉一封由蓋瑞所寫的信。蓋瑞在信中告訴荷莉，他知道她會把自己封鎖，但她必須找到自己的人生，不要再勉強自己做不喜歡的工作，並且走出去，跟閨密好好再去感受生活。並且，在信的最後，寫著「P.S. 我愛你」。

信是蓋瑞死前就寫好的，每當季節變換，就有一封新的信寄給荷莉。每封信中，都有蓋瑞為荷莉所做的一項安排，或要荷莉嘗試突破的一件事。透過信中的安排和引導，荷莉開始有機會感受到不同的自己，及不同的世界，漸漸跨出人生新腳步，從傷痛中走出自己的後續人生。

透過蓋瑞每隔一段時間寄來的信，荷莉遵照信中蓋瑞所說的，慢慢展開自己人生的新旅程。包括去到蓋瑞的家鄉，並拜訪蓋瑞的老家。荷莉終於有了機會，和蓋瑞的父母解開當年反對兩人結婚的心結。蓋瑞母親交給荷莉蓋瑞預留的最後一封信，讓荷莉回想起兩人第一次相遇的種種情節，也彷彿再次遇到當年的自己——那對人生充滿熱情及創造力的荷莉。

而最重要的是，荷莉知道蓋瑞的愛會一直在她身邊，那是蓋瑞的生命教會她的：帶著這份愛，繼續創造自己的人生。

回到美國的荷莉，雖然還是對人生茫然，但她想起蓋瑞的話，想起曾經對「設計」有夢的自己，於是，她打開了心，開始展開學習設計女鞋的歷程。

透過重新找回對設計的熱情，荷莉也重新發現自己的天賦和本質，慢慢告別喪夫的悲傷，漸漸找到自己一個人生活的方式。

某一日，荷莉和母親長談，才知道所有的信原來都是蓋瑞請託母親寄的。這讓荷莉和母親之間有了一番關於悲傷經驗的談話。在荷莉的父親離家後，母親一直以堅強之姿，存在於荷莉和妹妹面前。她不允許自己軟弱，也不允許自己因為被伴侶拋棄而自怨自艾，她甚至不對女兒訴說任何苦痛，只求給女兒穩定的生活。因為荷莉經歷了喪偶的歷程，她因此懂了母親的不容易，卻也深深心疼母親的堅強，因為她知道，那真的很難。

人生，真的是如此。有許多時候，因為你走過那些經歷，你才會懂得要熬過那段歷程，究竟有多艱辛！

但不論有多難，我們可以試著相信，雖然我們都以不同的速度、不同的方法，在面對失落之後、分離之後的日子，我們卻都盡力讓自己的生命可以走下去。雖然有些方法，在關心你的人眼中，會擔心、質疑，也可能會有許多不理解的反應，但是，只要我們知道自己正踏上什麼樣的歷程，並且沒有放棄對自己人生的摸索，我們終究會走過最困難、最痛的過程。然後，想起了我們的生命，不是只存在「悲痛」而已，同時也存在著豐富的「愛」和「關懷」，而為此充滿感激，充滿溫暖。

雖然愛，過早離去；雖然愛，還不夠懂得珍惜就失去了，但當你體悟到愛的存在，即使只是一剎那、一秒鐘，那就是愛了，就足夠讓生命有了力量，而能繼續你的人生。

愛，從來不需要測量時間長短或分量多寡，愛真實發生的那一刻，就已是永恆存在了；存在記得的人心中，存在想念的時分裡。

療心傷 10

無常，所以每一天能活著、存在著，都是奇蹟。

即使我們的認知確實知道「無常」的存在，但情感上，我們卻予以否認。稍不注意，可能就誤以為每一天都會一樣，一天過一天，一切都會如往常一樣，不會有什麼改變，也不會有什麼消失。

但是，真實人生中「無常」還是會給我們震撼教育，讓我們明白，無論我們用多少心力，建構多少穩定規律的生活習慣、作息、計畫，「無常」還是可以輕易地就把一切剝奪，讓所有好不容易建構的「日常」，瞬間瓦解崩塌。

一瞬間，人生就此從零開始。

從零開始，是很可怕的感覺。這意味著，沒有安全舒適圈，不僅為生存感覺到不安，也不知道接下來的人生要從哪裡開始。

你像是被封鎖在某個不知名的空間，無論你如何衝撞，還是猶如困獸之鬥，什麼都無法衝破，什麼都沒有改變，你還是滯留在原地。除了一身傷痕累累，你拿自己的處境無能為力。

你或許大哭過，或許大聲咆哮過；或許憤恨地責怪老天，究竟為什麼要剝奪你如常的人生？那樣的人生雖有好有壞，總是自己習慣的、熟悉的，但為什麼沒有任何理由原因，就突然消逝。你彷彿被丟到無人之地，只能靠自己求生？

那真的令人難以明白。

正因為如此，人才會意識到自己的渺小，也才會經歷到，無論我們怎麼以為掌自己控了生活，那樣的掌控卻是虛空的。事實上，我們未真的明白「生命」這一回事。

生命的每一天，能活著、存在著，都是奇蹟。因為，「無常」隨時都能讓生命消逝。人以為掌握了生活中的安排和一切計畫，就等於掌握了人生，於是一直在追求「擁有」，讓不斷的「擁有」來鞏固生存的安全感，也迴避去察覺生命本質的渺小和脆弱。在無預警的崩塌毀滅中，一切「擁有」煙消雲散，不得不見到一個赤裸、無所遮掩的自己時，才發現對自己是如此陌生，原來，你從未認識。

所以，要重建自己的人生，談何容易。被生命處境逼迫著必須認識自己、必須看見赤裸無遮蔽的自己，是何等驚嚇，又何等令自己難堪。

然而，唯有坦然面對這段跌落的歷程中的自己——無論懊悔、內疚、悲傷、恐懼，或無助的自己——即使不是輕而易舉的事，也要讓自己一步一步靠近，那個看起來脆弱、難堪，不夠堅強的自己。

就因為我們逃避接受真實的自己，也否認自己的遭遇，往往我們寧可痲痺、擺爛、封閉、壓抑……抗拒，也不願意接觸自己，並假裝一切都已過去。過去，是否如實地過去？你，是否真實地放下過往，及接納真實的自己？只有你誠實，療癒才會發生。若你不誠實，「痛」和「苦」會給你訊息。

當你否認傷痛，我們也就否認療癒力的存在，也否認生命的韌性和能力，更否認了曾經經歷的愛，曾伴你生命成長及勇敢。

真實的勇氣，不是跟世界的其他人「拚了」。而是在於誠實面對自己的殘破起點，坦承自己的經歷，坦承自己的黑暗，然後選擇從這一刻，帶自己重新開始人生，這才是切切實實的真勇氣。

當你準備好，要為自己迎回人生，那是因為你確切知道「愛」存在，即使型態不同了，即使不再隨時隨地可觸摸，但那愛的力量，已化為你內在的勇氣，你仍然選擇因愛勇敢，因為曾經被深愛過，之後即使只有自己一個人，也要讓自己的人生，還是有生命的精采和豐富。

因為這一份人生的精采和豐富，是你生命值得體驗的，也是愛你的人，樂於看見的，只要那是真愛。

P.S. 我愛你

片名原文：P.S. I love You
導演：理查・拉葛瑞夫尼斯
編劇：理查・拉葛瑞夫尼斯／史蒂芬・羅傑斯
演員：希拉蕊・史旺／傑哈德・巴特勒／麗莎・庫卓／凱西・貝茲
類型：愛情／劇情
製片國家／地區：美國
語言：英語
臺灣上映時間：二〇〇八年二月
片長：一百二十六分鐘

預告連結

面對必須放手的痛，相信愛會一直都在

《我們買了動物園》

班傑明的勇氣與脆弱人生

如果你曾經經歷到失去的痛苦，曾面對無法承受的告別，那麼，在往後的日子裡，「分離」很可能成為你無法再經歷的事；你會害怕任何告別的場面，會恐懼任何一種關係的分離。

有時候，為了不再面對失去的痛苦，你會封閉情感，阻斷任何情感的流動。你會否認自己的悲傷和脆弱，因為你要一併拒絕所有安慰和關懷。

你的腦袋只剩下責任和「應該要」做的事。你不願意回想過去美好的時光，想趕快往前走，以為只要快步離開、迅速重回生活軌道，你就能擺脫悲傷和落寞來襲。

但是，無論你怎麼想振作、怎麼騙自己，都沒有用。即使不斷出現新的人事物、新的挑戰、新的困難、新的局面，你終究騙不了自己，失去和分離都是真實發生了，那個曾經好懂你、好寵你、好體貼你、好支持你的他，真的離開了。然而，他的離開，不是為了要讓你孤單，而是他已經將他所能給你的愛，全然的給予你，而在他離去之後，要你心無旁騖地轉頭，繼續勇敢往前，好好成全自己，有機會實現一個更好的自己。

而你，之所以能好好放手，轉身向前，是因為你確信了，愛其實從未消逝，那是生命深深連結過、體會過的，早已留存在你靈魂深處。你的一言一行、一舉一動，都有著那愛的痕跡、愛的香氛了。即使分離發生，你們都在過去相伴的時刻裡，盡心也盡意地，深愛了彼此，這是不可能抹滅也不可能消逝的記憶。

《我們買了動物園》便是這樣一個真人真事，關於愛與告別的故事。班傑明原是一位南加州的媒體工作者，採訪的工作充滿冒險和刺激，讓他的生活有著許多精采的經驗，卻在遭逢喪妻後，人生截然不同，不得不體會到自己的脆弱及無助。

接著，他辭去了曾經給他豐富經歷的媒體工作，擔任全職單親爸爸。但這個單親爸爸的身分讓他精疲力竭，感覺到挫折。特別是和十三歲兒子之間的關係，緊張而充滿壓力。班傑明常要因為大兒子在校的行為問題，而頻頻被校長找到學校談話，甚至後來大兒子被要求休學，必須由班傑明在家管教，更是讓他感到挫折且抓狂。

所幸，還有七歲的小女兒，有著與妻子相仿的性格，溫柔且聰穎，總是帶給班傑明心理上一些安慰、一些溫暖。但也因為如此，他知道孩子們在母親過世後都承受不少悲傷和壓力，特別是鄰居的喧嘩吵鬧，似乎讓他們一家人能思念的空間都被侵襲了，於是，班傑明決定搬家，想要帶孩子離開壓迫而狹小的市區，搬到郊外多親近一點大自然的地方。

班傑明希望，到了一個新地方，他們都能開啟新生活。畢竟，在市區裡，到處都有他和妻子生活的影子，有許多和妻子共同經歷的場景。那些地方，他都不敢停留、不敢靠近，害怕觸景傷情，害怕自己勾起心理的悲傷後，再也無法抑止。

他們搬進了幾乎耗盡積蓄所買下的新房子，而這幢新房子卻出人意表地有獨特的附帶條件：他們必須連同照顧這個房子所在的動物園園區，裡面的動物們，和在裡頭工作的員工。

班傑明大半生都在冒險，過去的媒體工作曾讓他出生入死，但即使如此，動物園的管理和籌備，如此大規模的生活改變，對班傑明而言，仍是前所未有的挑戰。他不只要照顧好孩子，還得照顧好每隻動物。他並不富有，動物園長期下來的開銷，讓他背負沉重的債務壓力，也拖垮一家人的生活，甚至連累到動物們和員工們。

但是，就算他的哥哥——鄧肯反對，班傑明的責任感及性格中的勇於冒險犯難，還是讓他不願意就此放棄。

就在一切似乎已走投無路，班傑明必須要放棄繼續經營動物園的決定時，班傑明意外發現，一直貼心也最懂他的妻子，竟然在生前默默以班傑明的名義替班傑明投資，而這筆投資因為獲利，使他可以度過財務上的難關，讓動物園的籌備繼續進行，好能重新開幕。

這讓班傑明很感動，他的妻子在留給他的信中寫著，她知道有一天班傑明會想實現自己的夢想，因為他是對人生有熱情，也願意冒險的人，這一筆錢希望在那一刻，成為班傑明的支持及後盾。

為此，他知道，即使妻子離去了，但她的愛及支持，還是在。而他無法再逃避悲傷，他真的很想念妻子，也懷念他們在一起時，共度的所有美好記憶。

這個承認，讓他終於願意去面對動物園中，有一隻非常年老的老虎巴斯，需要告別的事實。

巴斯因為年紀大了，器官功能越來越衰弱，承受著身體上很大的痛苦，所以不得不面對人道安樂死的考慮。然而，因為班傑明無法面對妻子生病離世的事實，總是抱有遺憾和失落情緒，懷疑自己是否沒有盡全力挽救妻子，以致他投射這一份遺憾和懊悔在巴斯身上，無論動物園員工如何溝通，巴斯其實很痛苦地撐著，班傑明仍是堅持，不願討論人道安樂死的考量。

因為能涵容悲傷的存在，所以才能好好告別。

班傑明接受了巴斯的生命之年走到盡頭的事實，兒子的一句：「爸，你盡力了。」讓班傑明接納了自己和巴斯的限制，這是生命的脆弱，卻也是生命的真實。活著，好好的活，在面對死亡到來的時候，能安寧且平和的，接受說再見的那一刻。

他們陪伴了巴斯好好地告別世界，並在往後的日子中，紀念牠的存在。

而動物園也在大家同心協力，克服許多難關後，順利地重新開幕。

對班傑明和他的家人來說，這是他們都未曾想過的冒險歷程，他們竟然「買了動物園」！並且讓動物們重新獲得照顧，也讓原本快要報廢的動物園，有了新能量的注入，重新得到旅客的喜愛。

因為這個歷程，班傑明和孩子也一起有了他們的共同經驗，是屬於父親和孩子之間的意義。特別是和兒子之間不再敵對，不再是相看兩生厭，而是成了彼此的支持和鼓勵。

在班傑明勇敢思念妻子之後，他也帶著兩個孩子回到當初和妻子相遇的那間餐廳，說著他們望見彼此那刻的故事，這是兩個孩子之所以會存在的「起點」，也是班傑明永遠無法忘記的美好。

療心傷 11

黑暗，不可能驅逐黑暗；唯有愛，帶來光。

如果，你失去摯愛至親而極度哀傷痛苦，感覺處在黑暗的深淵，那是因為，你被死亡的陰霾籠罩。在死亡面前，你看見了自己的渺小、無助、無能為力，也望見了生命的未知及脆弱。

然而，你僅記得死亡的可怕和自己的軟弱，卻忘記了與愛繼續連結，讓曾經感受過的慈悲及寬容在你生命中繼續發生、存在。

不是因為你一個人的錯，所以「死亡」發生；也不是因為你承受不了失去的重量，你就該怪罪自己沒用、無能，而反覆感到罪疚、自責、懊悔。

如果你相信，死亡發生，是為了讓我們領悟愛的意義，讓我們真實走進自己內心，了生悟死；明白生命無論長短，都不是我們任何人可以控制和決定，但我們可以決定我們內心對生命的寬厚和透徹。

雖然走過失喪之路沒有捷徑（如果你想真實勇敢地走過），那麼打開你的心，去感受、去覺知及領會。如果你只是封閉，把自己關在「黑暗」中，打定主意沒有人幫得上忙、沒有人可以理解及安慰，甚至沒有任何可能讓你內心的痛苦轉化……那確實，即使有屬天的機緣給你領悟及療癒的機會，也都會被你一一否決、一一推拒……

因為痛苦太巨大，巨大到你根本不相信有接受到安慰的可能，他人故做關懷的言行，反而讓你覺得難堪及不知所措。你特別不想被同情，同情的表現，只是讓你更覺得自己狼狽，覺得自己是弱者。

於是，除了硬撐住內在的悲痛，除了封鎖一切可以接觸到外界的管道，你什麼都做不了。而單單這樣做，就夠讓你疲累，夠使你癱掉。

你是否注意到，自己有多怕無助和軟弱？多怕失去顏面和尊嚴的感覺？因為怕自己成為弱者，你掩藏了自己內心的哀傷和痛苦感受，反而積累成永不停歇的怒氣。

怒氣，正是來自於你抗拒承認自身的痛苦、悲傷及脆弱。你用力地想控制一切，假裝沒有任何方面被改變，你越用力否認失去、壓抑感受，身心就產生越大的反彈，像無法平息的火山，不斷冒出炙熱灼燙的岩漿。

確實，在這個世界，很難有一個人，真的懂你究竟失去了什麼，又如何不想面對那份悲痛。因為，每個人都走在自己的步伐中，沒有誰會為你深刻地記得你經歷了什麼、遭遇了什麼。僅僅在路過的一秒鐘、一分鐘，或許你們互相對望、交談、關注、知曉，而後再度經過彼此，繼續自己的步伐，記憶著自己的記憶。那些深深刻在你腦海中的回憶，還是只有你知道，每一次想起，是多麼痛苦。

所以，你比任何人都更需要知道，如何善待自己、陪伴自己、理解自己，以及如何照顧自己。

關於你記憶中的過去，那個人、那些事早已結束，離開你記憶中的位置，離開那個時空，他已然自由，去到他要去的方向。唯獨你，在記憶中悔恨、懊惱、忿恨、沮喪、無力、委屈……嘲諷及怒斥自己。

其實，無論是你的晴天、你的雨天，或是你的陰天、你的霧霾，只有你與你自己，真真切切的在那一刻，經歷所有的體會和遭遇。好好地在乎你的在乎，好好關注你的關注，好好感受你的感受吧！因為，這一切，只有你會真正記得，也只有你是唯一知道對你來說，這些體會的意義究竟為何。

唯有你全然擁抱自己，不再排斥有著負面情緒的自己，不再輕視會感到悲傷和脆弱的自己，你才有可能不再執念，你所失去的全成了痛苦的記憶，卻忘記在痛苦裡面，是曾經經歷過的歡樂和美好，是過去觸摸過的愛和溫柔，是愛所走過的痕跡。

黑暗，是不可能驅逐黑暗的……如果你只是封鎖所有情感通道，不再允許任何感覺流動，那麼，你的生命只會剩下黑暗。

唯有愛，可以撫觸傷痕，並為生命帶來光和溫度，讓你的世界不是只有冰冷和孤單、空虛和荒蕪。即使痛苦存在，愛及希望，也仍是存在。

我們買了動物園

片名原文：We Bought a Zoo

導演：卡麥隆．克洛

編劇：愛琳．麥肯納／卡麥隆．克洛

主演：麥特．戴蒙／史嘉蕾．喬韓森／湯姆斯．海登．卻奇

類型：劇情／喜劇／家庭

製片國家／地區：美國

語言：英語

臺灣上映時間：二〇一一年十二月

片長：一百二十四分鐘

預告連結

敬你的痛12

完美優越的努力人生，是慢性謀殺自己

《黑天鵝》

為了追求完美，走向自我毀滅的妮娜

你一定不陌生，從小到大，你是如何被要求要優越，又是如何被貶抑和羞辱你做不好、做不到的地方。好像你本該完美，怎麼可以有任何一點點瑕疵和失誤？

就這樣，日復一日、年復一年，不知道什麼時候開始，你的腦子總是有無法停止的不安和焦慮，總是威脅及恐嚇著你：「如果做不好，你就去死……」

你總是害怕被挑剔的感覺，覺得被挑出問題或指出錯誤，是一個很要命的傷害。這意味著：你不該有任何失敗和出錯，唯有成功和完美，才有價值存在，否則只是一個廢物，或是令人想丟棄的東西。

就這樣，焦慮和不安，老是逼迫著你，讓你沒有食欲、無法入眠。身心總是承受極大的壓力，而緊繃疼痛。但即便如此，你也不允許自己有任何放鬆，更別說是懶散或放縱，那只會讓你更容易失常，更容易失敗。

如果這是你的遭遇，那麼你可以看看《黑天鵝》的故事。

自幼便深受母親艾瑞卡悉心調教栽培的妮娜，一直承接母親的期待，也背負彌補母親失落的夢想之責（母親因為懷孕了，而無法成為芭蕾舞之星）——成為一名頂尖卓越的芭蕾舞者。雖然，妮娜已經是紐約著名芭蕾舞團的當家演員之一，但表現始終未能讓母親滿意，也未能讓自己滿意。

母親的固執，與趨近完美主義的控制性人格，在潛移默化中也影響著妮娜的成長和性格。妮娜對自己有著非常嚴苛的要求，以致無法放鬆，常在過度緊繃的自我要求中，無法發揮出自己的實力。而在角色的融入及演繹上，也因為自己的中規中矩、害怕失誤，無法讓人感受到角色的靈魂和生命，只有技術上的精湛。

好勝心強的妮娜，即使給了自己很大的壓力，卻還是無法順利達到母親的期待，為此，充滿壓力的妮娜，甚至以割傷自己的背，來做為紓解壓力的方式。

終於，一個事業上可以嶄露頭角的機會，來到妮娜的眼前，這個機會是參演並競爭著名的芭蕾舞劇《天鵝湖》中的女一號。導演湯瑪斯早已看出妮娜的潛質，並對她進行了許多提點。

然而，導演所要求的這個女主角，不但必須擁有舞劇中白天鵝的高尚、純潔與善良，還要兼具黑天鵝的邪惡、狡詐與淫蕩。在競爭中，妮娜不出意外地展現出了她天賦異稟的白天鵝的美貌與優雅，但她的競爭對手莉莉，卻在黑天鵝的演繹中精采過人，兩人皆贏得導演與同行的肯定和稱讚。

於是，妮娜與莉莉的競爭不可避免地上演，卻因為妮娜對於獲得女主角的位置勢在必得，而開始出現了精神扭曲及幻覺的現象。

在分不清真假的情況下，妮娜覺得身邊的人都不值得信任，懷疑、不安、猜忌，到自殘，妮娜還是無法放棄爭奪女主角的機會。

為了確實爭奪到女主角的頭銜，妮娜讓自己的黑暗性格漸漸浮現，一步一步吞噬自己的善良面貌，也踏上了自我分裂和毀滅的道路……

妮娜因為受到母親長期嚴厲及充滿控制的對待，為了順應及符合母親的期待，把自己內在的反叛及仇恨、嫉妒及侵略的性格，做了徹底的壓抑和切割。但為了得到最渴慕的成就，欲望的動力不停湧出，而讓內在的黑暗性格引爆開來。但她終究來不及察覺自己性格的變化，也無法意識到自己精神的衝突和混亂需要接受幫助及治療，便不可挽回地讓內在的陰影面貌，徹底侵蝕自己，殘害了自己。

這多麼讓人驚訝，原來內在黑暗面貌的反撲勢力，是如此巨大及強悍。當你非要成功不可，這一份執著，足以令你用盡所有偏執的手段，只求獲得、只求成功，即使將自己推向毀滅，都渾然不覺。

療心傷 12

你的存在本身，就已豐富了這世界的色彩和美麗。

當你焦慮著無法得到想要的成功，當你在乎著那期待的眼神能對你滿意，你就深陷在無窮無盡的追逐之中，強迫著自己努力，也強迫著自己不在乎自己的感覺，把自己視為要達成目標的「工具」，必須勇往直前、達成目標。

你徹底認同了「目標」是人生唯一的價值，除非你達成，爭取到這個目標，否則你根本無從證明自己的存在是有價值的。

為了達成目標，你不停追趕，怕輸、怕落後，怕再也沒有人給你機會，證明你有所價值。所以，你活在有如老鼠跑轉輪的狀態裡，不停地跑、不停的轉，無法停下來思索，究竟你跑著、轉著，是為了什麼？為了證明自己？為了讓別人滿意？為了得到肯定和掌聲？還是為了讓所有人喜歡？

如果，你有一時片刻可以稍微慢下來、停下來，那麼，我會邀請你試著觸摸你自己的心，感受到心的慌張還有焦急。如果你還可以更靜一點，更深地感受自己，你或許會慢慢發覺，你的內在猶如空曠的一處地方，空蕩蕩的，也許是暗，也許是白，總之空無一物。那是你感受到自己的時候，所出現的空洞和茫然。

你的內在，對自己的感覺，惶惶不安，覺得自己既渺小又空乏。事實上，你認定自己沒有價值，如果沒有那些奪標的經驗，沒有那些殊榮，你根本沒有存在感，你因此心虛、慌張、無助，懷疑這個世界的人連看你一眼都不可能。你是那麼輕易地就會被遺忘、被忽略、被拋棄。

心靈的空洞，往往比身體的痛苦，更讓人感覺絕望和孤獨。

若是誠實面對自己，或許你不單單只是害怕自己沒有價值，而是更害怕「分離」。你依賴你身邊的人的存在，無論他給你好的回應或是壞的評價，只要他對你有所反應，你都可以感受到自己被關注了而覺得安心。

如果，你沒有因此聽他們的話和意見，追求著他們認為的很棒、很讚的表現，你恐懼他們的失望和憤怒，以及對你的攻擊和冷漠。你不是沒有見過、聽過，每當你不如他們的期望，達不到他們的標準時，他們的咆哮、指責、批評、輕視、羞辱，總是讓你經驗到一次次的貶抑和傷害。

於是，這些懲罰讓你不停地加深恐懼。他們的怒吼和冷漠，不斷恐嚇及威脅著你，讓你畏懼和不安。你擔心並害怕著，如果再辦不到，如果做不好，那你的存在就是多餘，就會被視為沒用處的東西，而被冷落及棄置不管。

所以，「懼怕」在你心裡無聲無息地無限擴張、無盡加深。連你都沒發現，主宰你生命的，就是那巨大的「恐懼」，時時刻刻恐嚇你、分分秒秒讓你備受煎熬。

或許你會發現，其實自己在追逐著一場永無止境的競賽，有無數的關卡，每一次達標之後，都必須立即再次追趕。從來沒有一刻，你真正經驗到安心。

即使再疲憊再痛苦，「恐懼」總能逼使你繼續追趕、繼續競爭。

你長期受「懲罰」和「恐嚇」制約，就像是豢養在馬戲團或遊樂場的動物，透過許多手法和手段，利用飢餓、剝奪、鞭策、懲罰、虐待、傷害，就是要動物就範，失去自由和自主。即使身心嚴重受損、精神錯亂痛苦，動物們為了生存，為了維繫那一口氣，還是無法洞察一切的操控，只能任其指使和利用，受制約而苦。

如果，你深深能體會那失去自由、受盡傷害的動物身心所受的痛苦，那麼，請連結到自己身心所受的痛苦。允許自己停下來，不再以「工具」或「必須成為人的娛樂」來做為自己的價值。你的價值不在於能滿足誰的期待，而在於你能真正活出你對生命的熱情和喜愛。

你是因愛而付出、而貢獻，不是因為痛苦或恐懼，而逼迫或驅使。前者的付出，讓你體會心靈甘甜的滋味；後者的給予，讓你感到耗竭及空虛。

停止再寄託自己在他人的身上，以為他人能給予你所期待、渴望的喜愛和關注。你學不會愛自己，視自己為空洞的廢物，你就越渴望他人的讚許和喜愛，好讓你的生命得到些許放心和安歇。但是，這樣的關注有如煙火般的稍縱即逝，雖然剎那間璀璨耀眼，讓人心花怒放，但煙花消逝後，黑暗馬上覆蓋天際，寂靜馬上占據空氣。

用你的真心實意，擁抱自己。即使感受到自己的空虛和空洞，也靠近自己，擁抱有這樣感受的自己。然後，對於這樣的自己，依然不放棄靠近、接納、容許。讓自己知道，你的生命要得到你自己的關注和接受，你願意給自己無條件的重視和肯定，不再受制於他人的情緒及言詞反應，也不再懸繫在他人的滿意與否。

你能如實成為自己，釋放自己曾經受過的逼迫和困頓。每一個部分的自己，都由你自己發掘、探索及了解，不再任由他人的主觀評價和批評左右你、支配你。

你的生命，值得得到殊榮和掌聲，但即使沒有，平靜平淡的日子，也不會

折損你的生命價值，如同路邊不受注意的小花，或是夾縫中生長出的無名草，這世界都允許它們存在的位置，它們只需要成為它們本身即可，就已豐富了這世界的色彩和美麗。

所以，懂得欣賞你自己，你的好、你的美、你的本質、你的內涵。那些你曾經追逐的獎賞和標準，真正證明的是你陪伴自己接受挑戰，及富有毅力和耐心的過程，重要的並非那個「結果」。你如實走過那些歷程，沒有迴避地經歷了那些挑戰，就值得為自己驕傲、為自己喝采。這些從內而來的自我欣賞和支持，都好過因為生存的不安全感而激發出的鬥志，來得更有力量，也更實在。

黑天鵝

片名原文：Black Swan

導演：戴倫・艾洛諾夫斯基

編劇：安德雷斯・海因斯／馬克・海曼／約翰・麥克勞克林

主演：娜塔莉．波曼／蜜拉．庫妮絲／薇諾娜．瑞德／文森．卡索

類型：劇情／驚悚

製片國家／地區：美國

語言：英語

臺灣上映時間：二〇一一年二月

片長：一百零八分鐘

預告連結

你的存在本身，
就已豐富了這世界的
色彩和美麗。

虛榮的假面，害怕被輕視的自卑

《藍色茉莉》

茉莉的逃避真實與抑鬱人生

人自小就會經歷到外來的否定和藐視、嘲笑和羞辱。越小的時候經歷，越會對我們的生命造成不可彌補和修復的傷害，其中最大也影響深遠的傷害，就是成為我們內心對自己感到「自卑」的心態。

「個體心理學」創始者——阿爾弗雷德．阿德勒，一生都在探究「自卑心」對人的影響。他認為，沒有人可以逃避「自卑」的存在和作用，人類因為有「自卑心」而能夠積極追求優越。換言之，能夠超越自卑的方式，就是讓自己精進、讓自己提升，當你能夠證明自己的優越，也就克服了自卑的挾持和損害。

然而，若是自卑不可抑制地蔓生、蔓延，並且因為大量自卑心而將自己的生命視為必然的失敗、必定的不幸，而否定了自我生命蘊含的能力，及願意學習改進的機會，那麼，這樣的自卑是「自卑情結」，將讓生命陷入永無止境的自我貶抑漩渦，合理化一切自我否定。

如果，「自卑情結」已在我們的內在根深柢固，即使我們以大量的形象包裝，索取主流價值認可的外在條件，往自己身上點綴，或是攀龍附鳳，以為有了優越的另一半，就可以將自己內在的黑暗漆上華麗的色彩，洗白自己身上的不堪和瑕疵，那終究會是一場空。等外在那些包裝、點綴物，一件件剝離、一件件掉落，你還是會猛然看見自己身上不想看見的不堪和瑕疵，還是會難以忍受自己空無一物的赤裸和羞愧感。

《藍色茉莉》所說的故事，顯示的正是這樣的悲劇和真相。

紐約貴婦茉莉，和富商丈夫海爾過著人人欣羨的富貴生活。茉莉打從在大學三年級遇見年長她非常多歲的富商海爾，就處心積慮地要獲得他的喜愛。即使終止了大學生活，放棄完成文憑，她都毫不考慮地決定嫁給海爾。

結婚後的茉莉，和自己的養父母鮮少連繫，也和同被領養的妹妹金潔聚少離多。她受不了金潔的品味，也覺得金潔愚蠢可憐，總是找到品味低的男人。不像自己聰明、品味高，總能把握機會，獲得自己想要的幸福和生活。

海爾是一名從事金融投資的富有男人，茉莉和他結婚時，海爾已有過一段婚姻，且有一個在哈佛大學就讀的兒子丹尼。爾後，茉莉與丈夫經常穿金戴銀，出入豪華場所，過著奢華炫富的上流生活。對於這樣的生活，茉莉樂在其中，卻也有隱憂，那就是丈夫海爾身邊不乏有許多年輕貌美的女人，想靠近和接觸他。

即使海爾時常安撫，也懂得如何隱瞞自己的偷情不被茉莉發現，但一次丈夫到巴黎客宿飯店的行程，意外讓茱莉知情，引發茱莉的懷疑及調查，終於發現原來海爾經常與其他女子有染，還愛上了一名不到二十歲的法國女孩。

得知丈夫外遇的茱莉無法接受，情緒崩潰，向丈夫海爾質問時，兩人發生激烈爭吵，海爾脫口說出要和茱莉離婚，因為他和年輕女孩是真心相愛，並且已共同計畫了他們的未來。

茱莉難以克制自己的震驚和憤怒，歇斯底里之下，茱莉向FBI舉報，揭發海爾在金融領域的諸多詐騙罪行。於是海爾當眾被逮捕，家產遭沒收和拍賣，導致茱莉也同樣一無所有，過著前所未有的貧窮和困乏生活。

繼子丹尼則因同學的異樣眼光，而選擇退學並離家出走。沒過多久，海爾受不了遭遇，終在獄中自殺身亡。茱莉面對一連串的打擊，而開始出現酗酒、藥物濫用，且自言自語的神經質崩潰狀態。

家破人亡、家產盡失，又無法適應到社會做低階工作，被焦慮症和憂鬱症纏身的茱莉，只好求助她瞧不起的妹妹金潔，依賴金潔提供住處和照顧以維生。

失去一切的茉莉，因生活所迫，沒有大學學歷又無一技之長，只好在牙醫診所裡擔任助理，並利用閒置時間上電腦課，打算將來透過網路的學習，擔任一名室內設計師，試著真正靠自己自食其力，卻沒料到因為受到雇主醫生的性騷擾憤而辭職，中斷了學習計畫。

遭遇求職困難及性騷擾挫折的茉莉，還是想到利用社交場合認識心儀的男性，讓自己的處境可以翻身，擺脫不名譽的過去，和灰頭土臉的人生。

在一次受邀社交聚會的場合，茉莉遇見了剛喪妻的杜懷，他是一位富有、有抱負的政壇新星，想投入選舉。茉莉的時尚品味和談吐，讓杜懷也被吸引，雙方一見鍾情。

茉莉為了快速與杜懷發展進一步的關係，交往過程中，隱瞞了曾經組織家庭並破產而投靠妹妹的事實，並且謊稱自己是室內設計師。

不知情的杜懷，視茉莉為可以增加自己競選勝算的賢內助，在購買了一所臨海別墅後，很快地就向茱莉求婚，並準備婚期和布置新屋。就在兩人前去購買訂婚戒指時，碰到了金潔的前夫——奧吉，他對茱莉抱怨過去被海爾詐騙一事，並告知茱莉繼子丹尼的下落。

杜懷因此意外得知茱莉的過去，感覺被茱莉欺騙，而對茱莉嚴加斥責，表明不可能和茱莉結婚，兩人關係徹底決裂。這個突發事件敲碎了茱莉再度飛上枝頭當鳳凰的期待，把再回到上流社會的美夢重重摔落。

再次受到沉重打擊的茱莉，抱著渴求被安慰的心，前去見繼子丹尼，但已婚且有了新生活的丹尼，對茱莉表示他知道是茱莉出賣了父親，以致父親在牢中自殺身亡，因此他再也不想見到茱莉，希望茱莉遠離自己的人生。

再一次感受到挫敗及被拒絕的茱莉，傷心地回到了妹妹金潔的住處，卻說不出口自己的戀情告吹、婚禮終止的遭遇，只能落寞地獨自離去，精神恍惚的走到公園，坐到椅子上，再次自言自語地說起自己的經歷和生活問題……

茱莉的人生，不斷以逃避現實來因應，無論是丈夫的花心或詐欺，身為枕邊人的她，不可能完全不知情，但貪愛享樂及物質的她，寧可以睜一隻眼閉一隻眼的態度，含糊以對，也不想要真實面對她虛假的生活和關係。

若不是丈夫態度強硬地表示要離婚、要和另一名年輕女子結婚，茉莉也不會想要知道真相，只要丈夫願意再安撫、再給更多珠寶財富取悅她，茉莉仍會樂於繼續她讓大家欣羨的富貴生活，和表面上的恩愛婚姻。

但如果不是真的，日子再久，也真不了。無論是生活還是情感，是關係還是生命品質，都不會因為偽裝久了，或迴避、不面對，虛空的、假裝的，就成為實實在在的。

療心傷 13

為拚命追求優越的受苦靈魂心疼，找回坦然的平安。

關於要有一個形象、一個頭銜、一個令人欣羨的生活，以獲得他人的尊敬或另眼相看，這樣的事情，華人可說一點也不陌生。我們的好面子文化、害怕丟臉文化，已有非常長久的歷史，影響著我們的世世代代，直到今天的社會，仍受面子文化強烈影響。

我們為了面子，都撐得很辛苦、很委屈、很難受，但要丟了面子，可萬萬不可，馬上就會擔心被人看輕、失去光彩，怕讓人瞧不起。

這說明了何以人人都深受「面子文化」的綁架和挾持，無法真實過生活、做自己，卻還是不可不在乎面子，不可輕易地就把虛空的假象戳破，還是得假裝著。

我們的成長過程，從家庭開始，到學校、到社會職場，到哪裡都要看「表面條件」，來決定對一個人是尊敬，還是歧視？是重視，還是忽略？

如果出入都有名車，手上拎的皆是要價不斐的名牌包，身上穿的都是昂貴的衣裳，人們就假設你是有錢人、是成功人士，或是名門之後，因此認定你出手闊綽、背景顯赫，而因此不敢輕視你，甚至賦予你特殊權力，來與你攀結關係。進一步，期望在「有了關係」後，往後行事規則都不再需要特別擔心，不僅方便得利，還有了靠山。這些社會運作「關係」的過程，就是人們為何都要打腫臉充胖子，讓人瞧得起的原因了。

你的低自尊人格，及高自尊需求，讓你更容易迷失在這種「偽裝」的遊戲裡，裝闊、裝凱、裝富有、裝上流社會……都是為了掩飾你內心虛空的自我價值感。除了靠外在包裝，你根本不相信你的內涵，有什麼值得被肯定、被尊重。除非擁有主流價值所指稱的成功條件，否則社會上的人又怎麼會重視你？又怎麼可能會尊敬你，給你尊崇的待遇？

愛面子的人，也愛權力。擁有權力，讓他可以掌握及控制更多的人及事物，也就能更鞏固他那種高人一等的優越感，及位於高階的權勢感。這都是亟需表面形象的人，所要追求的渴望，以條件和權勢來要求他人滿足自己無止境的高自尊需求。

所以阿德勒說，那種拚了命追求優越感、無法停止地證明自己優越的人，都是出於內在有著無法被自己處理、安頓的自卑感。

因為在非常小的時候，曾經經歷過卑微，經歷過被嘲笑和輕視，於是，在幼小的心靈上，形成了傷口，咬緊牙關告訴自己：絕對要擺脫這種生活、這種遭遇，這是多麼令人痛苦的感受。

以致，後來在人生的諸多選擇上，都往能讓自己擺脫卑微辛酸，趨近風光亮麗的方向走。但是，努力經營生活、追逐條件之後，如果是從內心真實地為自己喝采、肯定自己的努力和能力，那麼實現成功的自己，為自己帶來的該是充實的尊嚴，並能轉化羞愧的自卑感為自我滿意才是。

但往往人們的心理並不是這樣發展的。許多人所追逐的條件，其實是建構在「變動」的外在事物上，例如：「因為嫁娶了豪門」「因為買了名車」「因為有錢奢華」「因為有優秀頭銜職稱」……用這些條件把自己包裝成一個有頭有臉的人，然後用盡一切代價，也一定要撐住這些外表條件，因為一旦有了閃失或落空，就會成為自己人生的夢魘，也會從本來以為站立的雲端上摔落在地，粉身碎骨。

到時看見的自己，就會像打回原形，又是那個卑微、赤裸、羞恥，被人嘲笑、輕視的無名小卒，誰都不理，誰都不愛。

若你對自己常這樣告知：「不能被瞧不起、不能丟臉」，不論你是為了誰必須追逐條件、鞏固面子，你必定能意識到、感覺到你對自己的輕視及厭惡。這樣的輕視和厭惡，深嵌在你的內心。雖然外表上，你可能表現得頗自戀，也常誇耀自己的擁有和那些條件，但實際上，你根本無法面對沒有這些條件的自己；那個原原本本，沒有任何包裝的你。只要有一點丟臉、不受重視的感覺，你的困窘和氣憤就無法抑止地湧上，不只羞愧感糾纏著你，忿忿不平也讓你失去理智，而打算把一切徹底毀滅。

其實，不斷追逐形象、索取條件的你，內在住著一個痛苦的靈魂，不曾體會過安心，不曾感受到關愛，只有大量歧視和嘲笑，不斷綑綁及折磨著靈魂，而讓靈魂深信不疑自己的醜陋和卑微。

如果，你能感受自己內在靈魂的痛苦，願你為自己感到悲傷和心疼，不論你的出身為何，家庭環境是什麼，又經歷過什麼樣的排拒、貧窮、困乏、孤單，及無助，都不是因為你的生命卑賤低下而造成的。

任何生命，都不是低下的，也不是卑賤的，那是人刻意製造出來的分別，以操控生命、愚弄生命。如果你懂得重視自己，願意學會從內在真心支持自己，那麼，請給自己一條自由的道路，讓自己感受生命的自在和單純的喜悅，不再需要那些物質條件的裝飾，也不再需要那些隨時會脫落的虛榮包裝。

當你懂得安慰曾經受苦的自己，卸下長期堆疊的包裝和緊黏的面具，不再以自己為恥，你會發現內心的輕鬆，也會發現和自己坦然接觸、真誠面對面，多美好、多寧靜、多和諧。那些焦慮的、憂鬱的、不安的、衝突的、對立的都可以平息，可以安歇，不再那麼輕易就能干擾你、傷害你。

藍色茉莉

片名原文：Blue Jasmine
導演：伍迪．艾倫
編劇：伍迪．艾倫
主演：凱特．布蘭琪、莎莉．霍金斯、亞歷．鮑德溫
類型：劇情／家庭
製片國家／地區：美國
語言：英語
臺灣上映時間：二〇一三年十二月
片長：九十九分鐘

預告連結

敬你的痛14

失去了你們，我還有誰？

《從心開始》

世界毀滅後，查理的深層絕望及難以治癒的悲痛

這個世界，不是只有善良的事、友善的人；邪惡的事、傷害無辜的人，也在這世界存在。

這個世界，也不是你安分守己、不做傷天害理的事，傷害和災難就不發生在你身上。

活在這個世界，每一天都不容易。你以為非常安全的世界，卻可能暗藏著

許多危險和攻擊。

當我們的生活，無辜地被傷害、剝奪、攻擊，甚至將我們最重要的人帶走，使我們的人生全毀，怎麼也挽回不了，什麼都不能阻止，我們究竟該怎麼面對自己的無能為力？又該怎麼承受這樣的痛苦？

二〇〇一年九月十一日清晨，紐約最繁華的地區接連發生兩次巨大的爆炸。這被稱為「九一一恐怖攻擊」的重大事件，長期以來一直在紐約人以及受害當事人的家屬心中，留下了深深的傷口，難以撫平。

在恐怖攻擊下失去親人的查理，從事件發生以來，失去了所有對生活的興趣和連結。停歇了牙醫的工作、失去親人的他，更是和朋友們都中斷連絡，因為只要他和過往的生活連繫，就會不可抑制地感受到悲傷，因為那會讓他想起逝去的親人：妻子和三個女兒，還有他們所養的狗。他們全在飛機上，正打算返回和查理會合，一起到迪士尼樂園遊玩，卻意外遭遇劫機及墜毀。

在那一天之後，他原本快樂溫暖的家庭，從此只剩下查理孤單一人。

深受失喪打擊的查理，無法面對如此巨大的傷痛，更不知道怎樣過接下來只有自己一個人的人生。

平日很喜歡音樂的他，只有冰冷的耳機陪伴著他，每天踩著小電動滑板，在城市的大街小巷中漫無目的地閒晃，不然就是獨自一個人，面對著大螢幕打著電玩遊戲，孤寂又無聲地消耗著自己一個人活著的時間。

某一天晚上，許久失聯的大學時期室友艾倫，無意中在街上遇見了查理，想起自己在報紙上，曾看見查理的遭遇，於是開始萌起想了解查理在事件發生後，現在的他怎麼樣了的念頭。

不想回憶任何過去的查理，模模糊糊間接受了艾倫的友誼及靠近，但只局限在邀他一起打電玩遊戲。當艾倫越目睹查理失序且解離的生活，身為醫生的他，就越想幫助老同學走出傷痛的陰霾，重新回到「正常」的生活軌道。從那一刻開始，艾倫一有時間就會找查理，陪他喝酒、逛唱片行、吃飯，或是打電玩。在友情的陪伴下，查理漸漸越來越接受艾倫，也越來越願意談話。

然而，艾倫見過幾次查理異常的行為反應，更覺得查理需要專業協助。但他也知道查理的防衛心，和拒絕被幫助的態度，於是他擅做主張，瞞著艾倫，邀請一位心理治療師假扮和他們不期而遇，然後以聊天的方式，探究及評估查理的精神心理狀態。

此舉惹怒了查理，讓查理感覺到被背叛和欺騙，情緒崩潰並爆發出強烈的憤怒。他以為艾倫不會像其他人一樣，將遭遇巨大傷痛的他，視為一個「有問題的病人」，來衡鑑他是否精神異常，沒想到艾倫還是這麼做了，他咆哮著要艾倫離開他的生活，也要那自以為是專家的人滾蛋。

從那天起，查理的生活再度回到槁木死灰、無聲無息的寂靜和孤立當中，與這個世界再度隔絕，活在一個人的心靈孤島中。

所幸，查理還是需要這段友情。他來到艾倫的牙醫診所，向艾倫道歉，他承認自己需要接受幫助，但他不知道該相信誰？

於是，在艾倫轉介另一名治療師並陪同之下，查理開始接觸一位喪慟心理治療師，預備進入喪慟治療過程。但查理太恐懼痛苦的過去再次侵襲自己的內心，他總是把耳機裡的音樂開到最大聲，以隔絕治療師的話語，不然就是焦慮地坐不到治療時間結束，就起身離開。

在某一次治療時間，查理為了阻抗治療師讓他回憶起自己的家人，他挑釁治療師的性徵，使治療師挫折，以此迴避治療師的引導。但治療師告訴他：之前的過程，都只是練習，直到他有一天、有一刻，能說出他生命裡的真實；這個真實是，他有家人，他曾經有他愛及愛他的人，這是他的過去，他要能說出自己的遭遇和故事，那樣療癒才能開始發生……

確實，記憶永遠是自己的，他人是無法強行介入、左右，或強迫說出。許多時候，我們之所以無法說出自己生命裡的遭遇和真實，是因為我們太害怕傷痛的負面感覺，會將我們淹沒，以致滅頂。另一方面，我們無法與他人形成信任關係，我們不知道他人會怎麼想？會不會在我最脆弱時，趁機再給我強烈的致命打擊？

所以，治療師告訴查理，他未必要告訴她（治療師），但他需要找一位信任的對象，向他訴說自己真實的遭遇，這是他的生命故事，他必須能承認。

查理一直無法向心理治療師述敘他的記憶，因為信任無法建立，但他選擇了艾倫，用最直白的字句，說出了他對妻女最後的回憶，以及那一天的創傷過程。他一字一句說著，其實他從來就沒有忘記她們，只是不願意再把傷口撕裂開來，他真的很討厭這樣的感覺……

說出過往生命的記憶，說出對妻女的思念，並未讓查理比較好過，之後的他如他自己所預料的，陷入無止境的悲憤和無力感中，甚至想要透過挑釁警察，讓警察將他擊斃，以達到終結性命的打算。

雖然查理被法院勒令必須強制衡鑑，至精神療養院接受強制的心理評估，並因檢方強力主張查理已喪心病狂，必須住進精神療養院，而讓查理當庭崩潰，但在艾倫和治療師的陪伴和支持下，還是讓查理勇敢面對及承認自己的喪慟。他試著對不理解他喪慟的人說出，他不需要帶妻女的照片，因為他們的身影無時無刻都在他腦海裡。他之所以無法到外面和其他人接觸，因為他見到的任何影像，都會是妻女，甚至是他們家養的小狗的影像。他怨自己為什麼沒有來得及給妻子一個滿意的廚房，他自責為何工作太忙，而沒和妻女在一起……

因為這些痛苦這麼強烈而巨大，查理才會成為別人眼中那個冷漠、狠心、孤僻，不一起舔傷取暖的無情人。但事實上，查理無時無刻都在懊悔和思念的折磨中，不知道活著還有什麼意義？

查理從小沒有雙親，好不容易長大後，遇到所愛的人，共組渴望已久的家庭，卻在一次的恐怖攻擊中，再次將他的「家」瓦解，這一殘酷的撞擊，足以是他生命裡的「世界末日」。

對不曾經歷和遭遇的人，如何真切地體會這種錐心之痛呢？而即使在同一個事件當中，關係的連結和生活的親密度，也會影響每一個人對事件的反應。有些人以理性因應，有些人以感性主導，大不相同的因應方式，以及角色、關係距離的差異，讓我們對「失喪事件」產生極為不同的主觀感受和想法，卻因此失去了對另一方的同理。

如果只用「對錯好壞」的論點，想輕易評定「精神痛苦」的存在，究竟是病（人類異常），還是人性正常情感反應，這或許是現代人類生活，仍存在的爭議點，卻也可能是人類對同類所做最殘酷及粗暴的對待。

療心傷 14
對於痛苦之人最好的治療是去體會他的苦、他的痛。

越是說不出口的傷痛，往往越深。

日常生活中，若有一些雞毛蒜皮的埋怨，或是說不停的情緒，往往那樣的心理疙瘩或不舒服，都是表淺的。因為真正巨大的痛苦，難以承認的傷痛，都是讓人說不出口的。

於是，我們只能掩藏、切割或壓抑，假裝自己無傷，或讓自己麻痺過沒有感覺的日子。

心理治療在協助療癒的歷程，便是以當事人可以接受的步調和心理預備過程，允許自己說出內心最大的痛苦，以及把內心壓抑及忽略成潰瘍的癥結。這就有如開刀，往往最內部、最深層的傷，唯有開刀才能觸及深處，以給予適當的照料和所需要的治療。

雖然許多人對於必須說出最深層的傷痛非常抗拒，並厭惡那種被人探究內心脆弱或悲傷的感覺，覺得失去了安全感，也擔心被輕易貼標籤或遭批評，而拒絕接受幫助，封鎖往內心觸摸的通道，但往往如此，反而漸漸蔓延傷痛，直至自己的身心和人際狀態崩塌，到幾乎無以挽救及彌補的情況，而留下不可避免的悲劇。

但是，強迫性地、以失去尊重的態度強行介入，並用專家權威角色給予高高在上的「強行治療」，也必適得其反，造成更大的對立和阻抗。

所以，不是幫不幫，或關懷不關懷的問題，問題在於幫助及關懷的態度及方式。沒有建立合作及信任的關係，就無法使人坦承自己的脆弱、說出內心最沉重的傷痛。

為了說而說，為了因應他人的好奇或八卦而必須開口，終究會留下後續糟糕的感覺，及對自己的傷痛，感到更大的羞恥及痛惡。

唯有相信另一個人會專注且尊重地聆聽，相信對方不是一個冷眼旁觀、等著評價和分析的事不關己者，能真的與人連結內心最苦痛、最沉重的經歷，且有能力承接及回應，而不一同陷落毀滅，人才能嘗試說出，那些好難捕捉的凌亂記憶，和破碎不堪的內在痛苦。

在這個越來越失去耐心和陪伴能力的現代，接觸及關懷一個重大傷痛者，變得只剩SOP的步驟和一個一個指令，卻失去人與人連結的情緒感受能力，只在乎能立即解決問題的目標，而不是停留在「關懷一個人」所需要的適當方式和必要歷程。

耐心、靜靜地體會對方所經歷的感受，不企圖解決自己認為的目的，也不強行扭轉傷痛者的真實歷程，以「尊敬」的心，去關懷一位傷痛承受者，甚至任何一個生命，都成為現代生活很難容許的事。

其實，有誰能真的被另一個人「改變」呢？如果一個人還不願意去「改變」他的生活方式、步調及想法，這都代表著在當中，有他認為更要堅持或更要守住的價值和意義，只是旁人無法靠近、體會，也無從理解。

而對於「痛苦」最好的治療是，與對方的痛苦連結，體會到受苦者深沉的「痛苦」，而為他的痛苦動容，深知這一份痛苦的存在對承受著的人來說，是何等艱難及不易。然後接納及容允這一份痛苦的真實存在，不再去打壓、不再漠視及否認。

生活周遭的人對於「痛苦」越迴避，採取冷漠無感的態度，則痛苦的人，越是加深了身上所承受的痛苦；人際孤獨的痛苦、情感斷裂的痛苦、與群體疏離的痛苦，還有不允許存在的痛苦。

對於自己的痛苦，或他人的痛苦，我們都別要求「痛苦瞬間解除」，那種期盼，只是因為太痛苦而產生的一種期待和幻想。如果我們懼怕痛苦，想排除痛苦感，而不是以愛及同理去靠近痛苦，那有什麼切割痛苦的方法，比酒精、毒品、麻藥、物質及性愛上癮，更立即有效呢？然而，我們都知道，越想立即切割痛苦者，只要沾酒、沾毒，沾染任何形式的上癮，就越容易喪失心智、恍神度日。久而久之，活得一點也不像人了，像是活死屍或垂死的動物，直到自己被毀滅。

痛苦的意義，是身為人都無可避免，需要去體會及領悟的。無痛的人生，人人都渴慕，卻非真實的世界。這世界有傷害、有生老病死及離別，就必然有痛苦的存在。我們所要做的，並非去否認及摒除痛苦感受的存在，而是去洞察及領悟，唯有真實的愛及關懷，才是「痛苦」的最好陪伴和撫慰。

從心開始

片名原文：Reign Over Me

導演：麥克．賓德爾

編劇：麥克．賓德爾

主演：亞當．山德勒／唐．奇鐸／麗芙．泰勒……

類型：劇情

製片國家／地區：美國

語言：英語

臺灣上映時間：二〇〇七年八月

片長：一百二十四分鐘

預告連結

對於痛苦之人
最好的治療
是去體會他的苦、他的痛。

敬你的痛15

讓死亡，已然是永生

《心靈病房》

貝寧教授的疾病折磨與臨終孤獨

死亡，是我們人生的終點站。然而，對於這終點站，我們所知不多。即使我們知道，人人有此終點站，但在大部分的生活日常，我們還是會排除對於死亡的接觸，連提及都避免，所以，當死亡那一刻來到，或近在眼前時，還是令人為之震攝，亂了方寸。

《心靈病房》說的故事，是一位被確診為不治之症的女性，一生堅毅，一絲不苟。即使重症在身，也不屈服不示弱，仍參與了全劑量的治療藥物實驗研究。

這一位癌末病人，名叫薇薇安．貝寧，是一位專研十七世紀英國古文學的教授。身為學者，她向來嚴謹自持，令同仁及學生敬畏。

她一生幾乎奉獻給文學，用她自信、堅毅的特質，再加上些許孤傲。當她發現罹癌時，不僅冷靜面對、獨自一個人在醫院接受治療，即使無人陪伴，在病房裡的她，仍是以精準的語詞，描繪著自己身上所承受的病痛之苦，試著探究每一種治療反應裡，該如何形容才正確。

病房中的她，特別憶起她熟悉的文學語句，那是她最拿手的十七世紀詩人約翰．朵恩的詩〈死神，莫驕傲〉，隱喻自己以學者之姿，一生中，活在自我期許的完美形象裡，對學問、對學生及自己的人生，都是竭盡所能地付出生命。

然而，就算是如此堅毅、不屈不撓、不妥協不苟且的貝寧教授，也有她不能迴避的後悔及遺憾，特別是她回顧過往，發現了自己的不近人情和嚴苛待人待己，所造成的傷害，她一想到此，不禁感到難過，為何過去的自己，不懂得多關懷他人？

會有如此感觸，某方面來自受到醫療單位的無情對待，讓身為病人的她，受到許多失去尊嚴的處置。特別是恰巧遇到了過去修過自己文學課的學生，正是負責治療她的住院醫師——傑森。她不得不經歷到，過去自己在講臺上的權威面貌徹底被扒下，成了今日躺在病榻上，任醫護人員擺布的病人，讓她更感覺唏噓及不堪。

在病房的每一刻，她不斷體會死亡如何一步步逼近她，欲將她打敗，攻占她的身體、精神及靈魂，這也促使她不斷回想起，自己過往講授文學課程時，所詮釋的關於死亡的種種哲學、文學語言，好讓自己可以一步步跨越死亡的陰霾，試著超越死亡的威脅。

在醫院裡，所有的醫護人員都是行色匆匆，對重病的貝寧教授，除了一句：「妳今天覺得怎樣？」之外，沒有任何溫馨對話。只問病情，顧著醫「病」，完全忽略「人」的感受和需求。在在都讓貝寧教授領會了，在醫療場域，原來「人」是不見的，只有研究、報告，及結果。

她忽然覺得可笑，同時覺得感傷，這不也是過去的自己？只在乎研究、報告和傑出的分析結果，卻絲毫不懂生活，也不關切和人的關係。唯一有較深的人際情感相處的人，是自己的指導教授。這也是貝寧教授在最後痛苦、意識彌留時，唯一來過醫院探望她的人。這一位白髮蒼蒼的老師，摟著虛弱、脆弱、孤單的學生貝寧，就像媽媽摟著女兒一樣。她給貝寧讀了一則繪本童書《逃家的小白兔》，這本繪本是關於靈魂的小寓言：「無論我們如何躲藏，上帝都會找到的。」

既然無論逃到哪裡都會被上帝找到，那麼，「我還是待在這兒做你的小寶貝好了。」

薇薇安．貝寧在難得的溫暖陪伴中，安撫了些許身心所受的痛苦，終於能夠闔眼入眠。孤獨的她，在約翰．朵恩的詩的陪伴下，用自己的體驗參透自己的生死。化療引起多臟器衰竭，她終究要迎來最後一刻了。最後，在醫院機械式的照護過程中，貝寧身處現實又冷漠的體系裡，只能無奈自嘲，獨自面對最後的過程。

但即使是最後一刻，仍是無人知曉貝寧已離去。當傑森醫師發現貝寧心臟停止時，罔顧貝寧已有所交代，早已簽署了「不急救同意書」，在手忙腳亂的過程中，驚動醫院的急救小組，讓貝寧承受了不堪的搶救過程。

所幸，護理長在病房中一路陪伴貝寧，深知她飽受折磨的抗癌歷程，也已做好面對死亡的準備，即時制止施行急救的醫護人員繼續施行急救程序。然而，對傑森醫生來說，他關切的是自己的研究結果失敗，只淡漠地回應道：「可惜，她是很好的實驗對象……」

但終究這一切都隨著死亡來了，帶走貝寧的生命，而在醫療人員的生命裡告一段落。然而，對貝寧來說，她知道這一切對她而言，都是虛無，如她所說：「我在病中表現傑出，做了八次實驗性全劑量化療，我破了紀錄、成了名人。主治醫生群非常高興，當他們把關於我的療程，發表在醫學論文中，他們在醫界奠定了名位。但是，他們的文章無關我這個人，而是我的卵巢。……人們怎麼看待我呢？不過是活標本，只是白紙上的黑色鉛字符號罷了！」

所以，她知道她要面對的，並非是醫療關切的；她所面對的，是一場心靈和死亡之間的戰役，也是一段超越死亡威脅，得回自己榮耀的天路歷程。

如約翰．朵恩關於死亡的十四行詩〈死神，莫驕傲〉所形容的：

雖然人們視你爲敬畏可怕的象徵
但你完全不是如此
因爲，那些視你爲天敵者並未逝去
可悲的死亡啊
你將永不能奈我何

那些君王、臣服于命運機會、絕望的人才是你的主人
你帶來了劇毒、戰爭和疾病
就連睡前聆聽的那些蜚言咒語
也勝過你輕輕地撫慰
你還有什麼得以自豪呢？
我雖只有這短暫的一眠
醒來卻已然成就永生
死亡將不復有
死亡，將永遠消失

這首詩，描述的正是關於一位面對死亡的勇者語死亡掙扎相抗的意象，透過人類心靈的智慧，人終究戰勝了這個敵人。而整首詩，最重要的寓意是，靈性如何超越那道難以跨越的生死和永生的藩籬。薇薇安．貝寧在病中重述道恩

的詩，真切地體認到，能不受死亡要脅，在於靈性的超越，相信靈魂不滅，如此，死亡不是終止，而只是跨越，跨越之後的另一頭，是永生，不再有死亡。

薇薇安．貝寧跨越了生與死的藩籬，超越了所有的障礙而徹悟。並在病痛中找回了完整的自我，不只是冷酷及嚴謹，經歷了脆弱及恐懼，她也領會了仁慈和謙卑。她在醫院走完人生最後一程，仍以她對詩詞的執著、對教學的嚴謹，如實探究了自己最後課題的奧祕及解脫。雖然死亡依舊發生，而生命還是終止，但生命本質的蛻變及完成，卻是那麼令人感到尊敬和感動。

療心傷 15 你只要看著你的痛苦，辨識它、認識它、理解它。

知道知識，能說出知識，和徹底活出知識，是截然不同的狀態。如同，我們都「知道」死亡存在，也「知道」人的生命時間有限，但不代表我們能真正活出對死亡的領悟，並深切地轉變生命的態度及價值理念。

許多經歷，少了親身走過、沒了過程，就是不明白，就是無法體會。

疾病如是，死亡如是。疾病的痛、死亡的恐懼，都是人所懼怕經歷和面對的，因為人們看見的是受苦的形象和生活的中斷，不能再意氣風發，也不能再爭名奪利，再也沒有機會證明自己的優越和實現自己的想望。就這麼爭了大半輩子，爭個要死不活後，卻是一場大病，及面臨死亡的終點，宣告必須退出這一場人生的競賽，豈不讓人惋惜，和痛惡老天的不公平？

這是人類的眼光和有限的理解，所能產出的反應，憤怒自己被剝奪競賽的機會，也哀怨自己沒有得著無病長壽的恩寵。因為我們老是將疾病和死亡當做人生的懲罰，又把活著，視為生命的獎賞。因此，遭遇死亡和疾病者，就像是被詛咒的不幸者，而活得好好的人，就像獲得上天恩寵者。

然而，並非如此。活著的痛楚，和面對死亡的痛苦，對人而言，都有必須去經歷及領會的過程，而且無人可倖免。不是活著就比較幸運、死亡就是比較不幸，而是我們是否能深入到我們的自身經歷，各自領會屬於自己的經驗所要我們領悟的生命課題，學習該當領悟的，而不是一逕推拒和不平。

在痛苦臨到時，我們如實走過、如實接受，不用過大的撞擊力去對付痛苦，也不用過大的傷害力，去毀滅自己。

不放大你的痛苦，也不縮小你的痛苦。讓你的痛苦真實而原本地發生與存在就好。

當你無限放大你的痛苦，你便對你的痛苦太無力與無助，猶如一隻螻蟻面對洪水。

當你過於縮小你的痛苦，你便對你的痛苦漠不關心，好像它不屬於你的，與你毫無關係，而你也與你自己某部分斷裂。

你只要看著你的痛苦，辨識它、認識它、理解它。試著去懂，何以你感到痛苦？是自尊受傷、是感受不到自己的價值、是你的天真遭遇背叛，還是對於你的缺乏與貧窮感到羞愧，又或者你想像的世界與現實差異太大？

你的痛苦，有受傷、有心碎與心痛，還有面對殘酷現實的無奈與憤怒。

你的痛苦有身體所承受的，也有心靈所承受的。

你會迷惘，會脆弱，會感到一種所限的束縛與壓制，你失去了自主與自由，感到動彈不得，進退不得。

你只要觀看清楚你的痛苦，體會與認識你的痛苦。不要想去消滅痛苦，也不要強化痛苦。

你只要讓痛苦依照它本來如是的存在，就好。

痛苦的歷程，有好幾面鏡子存在，要你去認回自己、看清楚自己。

過去，為了生存的你，長期奮鬥、堅毅、苛刻地對自己、對別人，你只知道自我要求的重要，最痛惡不爭氣跟不負責任的人。為了求得這世界的認同，你不停追求達到這世界的標準，有什麼能出風頭、嶄露頭角就盡量表現，力求成功。但是，你從來體會不到仁慈及寬容，因為你自認的剛強及堅毅，是不可能有脆弱的時候，而你也不認為你需要，所以你也同樣的要求別人，沒有什麼理由或藉口，可以說自己「不行」「不能」「辦不到」。

而當你行至生命的轉折處，你轉身遇見脆弱如此赤裸裸地展現在你的面前，讓你無從迴避時，你赫然發現過去的所有堅強，崩潰瓦解。你懷疑、不解、不敢置信這般軟弱、無助的人，是你自己。然而，你在軟弱、無助中，終於看見許多他人，和你當初一樣堅毅、冷酷地對待你，於是，你終於懂了溫柔與仁慈是多麼可貴，那是生命脆弱無助時，最大的撫慰和力量，讓人能夠走過那最難承受之重。

當你深陷苦痛之中，那些能真正看見你的存在，和無論如何都看不見你的人在你的身邊來來去去，你回看了生命的一遭，重新體會生命原來有這麼多選擇，而你曾經選擇了一個冰冷堅毅的樣貌，對待自己、望向世界。此刻，你終於知道，生命可以不是這樣；生命的所有樣貌，都是人生的一種體會、一種歷程、一種蛻變。

直到我們走到人生謝幕時，我們可以如實以自己為榮耀，因為生命的所有經驗和遭遇，都是為了讓你醒悟——執著有時，放下有時，苦痛有時，解脫有

時，堅毅有時，脆弱有時。所有的起起伏伏，所有的開始及結束，無非都在讓我們真實洞察生命的本質，還有你如何實現你的一生。

心靈病房

片名原文：Wit
導演：麥克．尼可斯
原著：瑪格麗特．艾迪臣
編劇：艾瑪．湯普遜／麥克．尼可斯
主演：艾瑪．湯普遜／克里斯多夫．洛伊／艾琳．阿特金斯
類型：劇情
製片國家／地區：美國
語言：英語
臺灣上映時間：二〇〇一年三月
片長：九十八分鐘

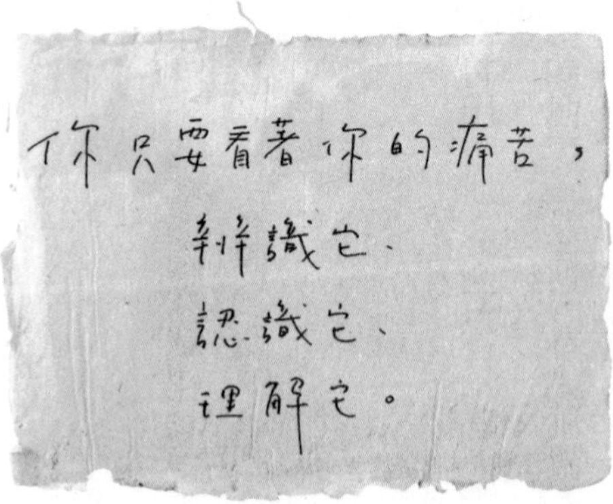
你只要看著你的痛苦，
辨識它、
認識它、
理解它。

敬你的痛16

老後的相伴，無以解脫的絕望

《愛．慕》

愛到無助且無力的喬治和安妮

我們對愛情的渴望，是終能執子之手、與子偕老，共同走完一生。這是最浪漫的想像，也是我們對愛情承諾的期待。當生命真的走到老了那一刻，我們仍是彼此最重要的依靠，及不離不棄的照顧者。

但是，這樣的想像裡，摒除了衰老的真實——承受病痛的摧殘及折磨，面對死亡的威脅及絕望。

親密關係，走到人生的後段，所有的退化、貧乏、無力，對疾病及死的恐懼，都會非常真實地侵蝕關係、侵蝕愛的質量。有時候，因為太愛了，反而無法坦承能力的有限和現實的殘酷；始終堅持在兩人的世界裡，硬撐住對彼此的承諾：「我會愛你、照顧你，直到你生命的終了。」而讓所有生活中的痛苦情緒，壓抑悶鎖在兩人的世界裡，直到一方的生命終於結束的那刻。

但是，究竟是怎麼結束的呢？是好的結束？還是令人遺憾及懊悔的結束？是安然告別的結束？還是沮喪挫折的不得不結束？

《愛．慕》裡的老夫老妻，所經歷及走向的生命終點，是令人感到驚悚，卻又十分不捨、悲傷的生命結局。

故事的一開始，一群左鄰右舍聚集的人群在屋外圍觀，警察好不容易破門而入，在房間裡看見的是被美麗小花圍繞的老婦屍體。死者是安妮，她是喬治的妻子，因為中風的緣故，除了到醫院回診必須出門外，大多數的時間，都是臥病在床，由喬治親自照顧。

安妮中風的數個月前，夫妻兩還出席了一場音樂會，這對恩愛的老夫妻過著平凡卻愜意的退休生活。丈夫喬治溫文儒雅，妻子安妮曾為音樂家，他們總是如影隨行，一同進出。結褵數十載的兩人，可說是人人稱羨的伴侶，但美滿的生活卻在安妮突然中風後，發生了劇烈變化。

音樂會結束回到家中的兩人，意外發現自己的家門被人破壞，對他們來說雖然不至於掃興，但是生活卻以這個不起眼的意外為開端，開始不斷經歷陷落。後來在平常的用餐時間，安妮突然失去反應，即使及時就醫，但二度中風的安妮每況愈下，失去行動自主能力，必須仰賴喬治的各種協助，包括處理大小排泄物。這讓非常重視優雅和尊嚴的安妮，開始情緒低落、感到挫折，並出現易怒的反應。

雖然丈夫喬治不離不棄地在身邊照料她，但安妮仍是對自己的疾病狀態，有著很大的憤怒和沮喪，而時常對喬治發洩情緒。以致喬治也開始會因為情緒壓力過大，而出手回打了安妮。

他們的女兒從外地趕回家想關心母親的病情，但因為焦慮及無意義地質疑父親的做法，認為應該要將母親送往養護中心照顧，而被喬治拒絕掉她的關心。對喬治而言，他承諾過安妮，一定會不離不棄地照顧她，他記得安妮曾經表達絕對不住進養護中心，他也答應過她，所以即使情況越來越失控，他也絕對不會同意送安妮到養護中心。

喬治體認到自己需要幫手，所以他試著接受居家照護員來家中協助，但幾次居家照護員對妻子的粗暴及不用心，還是讓喬治不能接受，只剩下自己一個人精疲力竭地負擔照顧妻子的責任。

喬治用盡生命的所有心力，去守住自己的承諾，就算對安妮的照顧，他越來越無力、耗竭，但喬治還是默默承受，幾乎沒有發洩情緒壓力的管道，以致惡夢連連。而安妮，困在對自己疾病的痛苦及無力感當中，也一步一步喪失生命的力氣和意識。或許他們都希望，兩人之間的愛能跨越這些障礙，不論是疾病或是死亡，都能因為是彼此的依靠而維繫下去。但失控的處境、無能為力的疾病過程，卻還是讓他們不得不受困於生活的諸多壓力和難堪，而最後，竟也因為愛的緣故，讓喬治用了殘忍的方式，結束了妻子，也結束了自己的生命，讓人有嘆不盡的惋惜和無奈。

難道，這是必須的結局？還是在這樣的結局之前，我們能坦然面對自己的限制，臣服在脆弱面前，知道生命的衰老和孤寂，不是悲哀，而離群索居，反而能讓我們更擁抱社群，接受社會對我們的關照。

在生命的末了，疾病的來襲，能讓我們鬆動許多觀念的執著，不再用固執己見的方式，來決定兩人的生活方式，及兩人最後的生命結局。

療心傷 16

為自己的人生寫下寬心溫厚的完結篇。

愛情最可貴之處，除了愛戀的激情、更多是相濡以沫的陪伴，以及彼此忠貞堅定的承諾。而堅守承諾雖是可敬的情感，但面對屬於人的限制，我們不得不去衡量自身的能力，和許諾的當下的時空，來重新考量誓約是否仍要緊握不放，或是有可以讓彼此都更好的方式，不讓彼此的生命，走向一起毀滅的絕境。

在融洽的關係中，兩人相伴一生，相互依靠和照顧，但當有一方失去回應及照顧對方的能力，成為純然的依賴者，除了面對自己生命脆弱處的難堪，也面對造成對方負擔的歉意，使致兩人關係必起波瀾，沒有人可以在原本緊密和諧的關係中，只做一個「沒功能者」。

而為了當初的承諾和那份心疼與不捨，無法輕易捨下對方的人，忘卻自己的有限，不敢也不願輕放對方所託付的終生，即使自己背負沉荷，幾近無力、無助，仍不敢輕易呼救，輕言放棄。

這種承擔和堅守承諾，絕對有愛的成分，但也不只是愛的成分。

如果一份愛的承諾，是放棄考量現實的能力和處境，是不顧什麼對彼此才是最好的安排，只是固執地、僵化地認定非要怎麼做不可，而讓雙方的生活，漸漸走進死胡同，陷入黑暗，這樣的愛，恐怕也是盲目，和自以為是的愛，更是一種只在乎自己的感覺的愛。

我們當然都希望，在兩人都有功能照顧自己的情況下，能彼此照顧，一起共度屬於兩人的老後生活。但是當其中有人失去能力，並且受困於行動上的阻礙，那麼，排除了所有外界的照顧及救援可能，無疑是將照顧生命的重擔，徹徹底底攤放在另一個人身上，直到有最後一根稻草壓垮兩人，一起崩塌毀滅。

所以，認清事實而放手，絕非狠心，或是背棄承諾，而是接受兩人的生命都有限制及脆弱，在生命最後的課題上，彼此都需要學會，不將對方視為照顧自己的消耗者，能及時為自己所需要的醫療處置，做適當的安排。

親密關係，或是親子關係，都不是用來做為防老、防沒人照顧的義務承擔者，在現今的文明社會，我們有越來越多開放的思想和具體的策略，可以去了解，如何為自己做老後、病後的醫療及生活安排。

我們雖無法預期自己哪一天離開人世，卻能計畫以什麼形式和過程，為自

己的人生，寫下想要的完結篇。我們一生辛勞付出，也奮鬥支撐，最後，即使步入生命的黃昏，也希望生命所呈現的風景，是黃昏的寧靜和優雅。

如果為了自己所執著的某些觀念，忌諱和排斥去安排更好的照顧方式，而將彼此逼到懸崖邊，讓彼此深陷難以解脫的束縛、牢籠中，成為困獸之鬥，那生命的結局，又怎麼可能會是安穩而寧靜地向這個世界告別呢？

或許我們都可以思考，如何安排最後的日子，可以減少彼此心裡的遺憾和悲痛。

當愛還在，我們倚靠為支持，但要如何做，才能不致將愛磨損，直至殆盡？

生命的真實與現實就在於：我們活著，就無法迴避老病死；因為無法逆轉或避免，當那樣的情境來臨，我們可以想方設法，讓彼此都輕鬆一點、好過一點。老病之苦，絕對少不了，所以我們都需要有不同的照顧者、專業者、幫補者，來陪同我們走完最後一程。這過程當然無法事事盡如己意，卻能體會：寬容，是放過自己，也放過他人，最寬心溫厚的態度。

愛．慕

片名原文：Amour

導演：麥可．漢內克

編劇：麥可．漢內克

主演：伊莎貝．雨蓓／尚路易．坦帝尼昂／艾瑪妞．麗娃

類型：劇情

製片國家／地區：法國

語言：法語

臺灣上映時間：二〇一三年三月

片長：一百二十七分鐘

預告連結

為自己的人生寫下

寬心溫厚的完結篇

敬你的痛17

背叛的痛和如何原諒的難題

《繼承人生》

麥特金在失去的歷程中，懂了最該珍惜的

你的人生很忙，也可能同時很盲，盲到不知道自己孩子到底多大了，是什麼年紀了？何時要過生日？

也可能很盲到，你的伴侶早就心不在你身上你都不知情，你們很久都沒有睡同在一張床上，也很久沒有共進一頓早餐或晚餐，你也不掛意。

表面上，你已成家、有配偶小孩，但你的家卻是你很陌生的地方，很少花

時間關注它，也很少感受到家對你的意義。

對你而言，「家」就是會自然而然地在某個地方，你認為這個家裡的成員會自己把自己照顧好，你只要出錢，每個月都能讓家裡的人有穩定富裕的生活可過，你的責任就算是盡了。

你從來沒有想過，你根本不以為意的「家」如果有一天真的散了、沒了，如果你以為照顧得很好的家人，卻每個人都對你有埋怨和憤怒，對你來說，你會感受到什麼？是不是心中燃起一把熊熊烈火，痛惡這個家的人各個都沒有良心、不知感謝、自私自利？

麥特金是一位律師，事業有成，不只他的事業非常忙碌，同時他是夏威夷地主的繼承者，並是家族委任的遺產管理者，身負重任，是土地是否變賣的最終決策者。

長期以來，他都自認為過著算是幸福美滿的生活，不料，在他的妻子伊莉莎白因為騎乘水上摩托車遭逢意外重傷後，他的人生從此變了調；從一個未曾管過家務的律師，變成必須照顧腦死昏迷的妻子，並且面對女兒的教養問題，同時要解決家族土地繼承的事。

這讓麥特金不得不感嘆：「我的朋友一向認為，住在夏威夷，簡直置身天堂，似乎我們整天喝著邁泰酒，沒事就衝衝浪……天堂個頭！他們瘋了嗎？我的家也會亂七八糟，我的心也會難過，但，我們會好好過下去……」

當他望著昏迷躺臥在病床上的妻子，他突然發覺自己對妻子的陌生，他不知道為何妻子會去騎水上摩托車？而為何騎個水上摩托車，卻會發生摔落的意外？這種種問題，讓他很想弄清楚，究竟妻子在這一段日子，究竟在做什麼？

同時，小女兒生活照顧問題，需要由他接手，帶著小女兒的他，手忙腳亂，才發現照顧一個家、照顧孩子，並不是簡單的事。

於是，他需要幫手，也需要支持，不僅是因為小女兒的照顧問題，還有，醫師告知麥特金，其實他的妻子已經腦死，呼吸維生系統只是勉強拖住她的生命，麥特金必須決定何時撤離維生系統，讓伊莉莎白好好善終，離開這個世界。這個事實，對麥特金來說，太震驚也太難過，他無法一個人去面對及做出這個決定，也不忍心一一通知所有的親人這個消息，好讓他們來得及來跟伊莉莎白告別。所以，他立刻到大女兒就讀的私立中學，把住校的大女兒接回來。他告訴大女兒，這個家只剩下他和她可以處理這整件事，她必須跟他回家。

沒想到，大女兒有非常大的情緒反應，不是因為得知媽媽昏迷腦死，而是因為她不想碰觸任何有關媽媽的事情。

麥特金很難理解，照理來說，兩個女兒的生活大小事都是依賴妻子的照顧，為什麼大女兒卻對妻子有極大的反彈，在一連串的爭執下，他竟從女兒口中得知妻子背著他有了外遇，甚至和別的男人私會時，是大女兒親眼看到的。

這個晴天霹靂，讓麥特金羞憤難平，他決定要找出那個可惡的「情夫」，看看他是何方神聖，竟敢和他的妻子有婚外情，他決心找出妻子背叛的原因。

於是，麥特金帶著兩個女兒及一個不相干的女兒的男性友人，進行尋找出「情敵」的任務。過程中，他們一起經歷了生命的許多荒謬滑稽的事，也漸漸理解彼此面對驟變的心境，並體驗到原諒和告別，是讓生者死者兩相安，最重要的事。

對麥特金來說，尋找妻子「情夫」的過程，他也有所省思，覺知到自己對妻子的冷淡和忽略，而感到愧疚和後悔。於是，他想要確認妻子愛上的人，是否比自己還愛她？如果是，那麼，他願意原諒妻子，畢竟他們的婚姻關係，是兩個人共同營造的，當關係有了背叛，雙方其實都有責任。

然而，情況並非如此。當他暗中追查「情夫」的身分後，他發現這位「情夫」不僅有自己的家庭、孩子，而且是有目的而來接近妻子，想套出麥特金家族遺產的資料，進行收購。這樣一個爛渣，妻子還想為了他和自己離婚。每想到這裡，麥特金就無法抑止地憤怒。他不僅找到了對方，痛揍了對方，也到妻子的病榻前，對昏迷的妻子表達自己的憤怒和指責。

但當麥特金表達憤怒過後，還是感到對妻子心疼不捨。夫妻情緣，相逢一場，如今遇到生離死別的時刻，麥特金忍不住哭了，對著妻子說：「再見了我的愛，我的朋友，我的苦痛，我的喜樂。」（Goodbye my love, my friend, my pain, my joy.）放下了他和妻子之間，一場婚姻情緣的愛恨情仇。

雖然面臨妻子遭遇意外，周圍的人怪罪麥特金疏於照顧妻子，而讓他感到委屈，他仍選擇保留妻子的尊嚴，默默地陪伴所有親友，一一來和妻子告別。他也了解到，什麼對自己最重要，他回到了家，回到了和女兒們的連結。

愛情與家庭，就像故事中那塊祖先遺留下來的土地的隱喻，以為是私人財產，就會永遠都在，而將這些擁有視其為理所當然，卻疏於關照。直到環境情境改變，才突然發覺會有失去的可能。就算終於明白了珍惜的重要，也不一定來得及挽回……

如同我們的人生，若無意外受挫，若無遭遇衝擊，是否直到生命結束的那一刻，我們都未曾真正懂得，對我們來說，那最珍貴以及最重要的，究竟是什麼？

療心傷 17

有「承認」，才有「原諒」。

如果我們的人生，沒有經歷過任何失去，或挫折，我們可能永遠也不會真正明白「珍惜」和「重視」是什麼。

什麼都順理成章繼承，什麼都理所當然地擁有，只要活在這世上一天，你所習慣的一切，就是那麼自然而然圍繞在你身邊；這樣的人一定無法明白：沒有什麼人或東西，本該存在；所有的物體，都會有失去的一天。

難道沒有什麼辦法，可以讓人不必歷經失去，也可以懂得珍惜嗎？

這個問題很多人都想問，但認真想想，如果你每一天都有飯菜可以吃，每一餐都不少，你會慎重而認真地看待你的每一餐嗎？你會珍惜你的每一餐都是得來不易的嗎？你會知道能好好吃一餐，是福氣嗎？

只有餓過的人、有一餐沒一餐的人，吃到熱騰騰的飯菜時，會淚如雨下，感動又感慨。

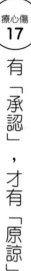

所以習慣及視為理所當然的心態，讓我們對周遭的人事物漠不關心，也鮮少付出心思去關注，好似那些人、那些事，本該自然而然的就存在：本該對我好、本該滿足我、本該照顧我、本該聽我的、本該照我說的做……

卻沒有任何一刻，停下來，好好看看別人，感受別人的感覺和情緒，體會別人的待遇和經驗，了解別人的辛酸及悲苦。當然，也不會真的懂，他人也有他的需要和渴望，也有所需要的在乎和關注。

無法離開本位中心的人，他的世界裡，並未真的存在著別人、別的物體。所以在他身旁的人，總是心苦、總是辛酸。寂寞和孤單，更是常見的感受。

「珍惜」，必須源自於「感謝」，當你真的從內心生出「感謝」，這表示你知道這得來不易，且不必然就該屬於你，你會體會到這當中，是有人付出、有人成全，還有人幫助，甚至有人奉獻，才能得著或擁有。不論出於什麼原由，別人都可以不給、不成全，和不供應，沒有什麼這世界理所當然非滿足你不可。

可是，人的天性裡，卻不是這樣懂得感謝、懂得知足的個體。從孩子的性格而來，我們太習於依賴，太要求供應，又因為無法換位思考及感受，很容易就以自己的主觀立場，去期待他人該有什麼回應，又該有什麼表現，一旦不滿意，不如自己的期待，我們就心生怨氣和失望，責怪他人的辜負和不給予滿足。所以，在我們的生活，「感謝」和「珍惜」少；「埋怨」和「責怪」多。

一旦我們歷經失去，發現那些以為理所當然的，其實都不是理所當然的存在，那一刻我們懊悔、愕然，有千萬個「悔不當初」糾纏著內心，卻還是發現，為時已晚。

但是，即使無法挽回、難以彌補，我們還是需要去面對，好讓人生可以好好過下去。這時候，「承認」和「原諒」，是我們必經的功課。

有「承認」才有「原諒」的發生。如果只是掩飾及合理化自己的錯誤，繼續怪罪及指責他人的辜負，內心的懊悔及自責終究是無法得著自己的諒解及接納的。

一生這麼長，我們都可能有不懂珍惜的時候，也會有面對他人不懂珍惜我們的付出的時候。在人生中，這或許都是我們會犯錯的地方。然而，有人犯錯了，從錯誤中學到經驗，真正懂了珍惜和重視他人的付出、他人的存在；有人卻一錯再錯，一再地漠視和糟蹋他人的付出和存在。

我們都不能為另一個人決定，他是否要懂得珍惜，和學習珍惜，但我們需要為自己好好學習：懂得珍惜愛我們的人，學習珍惜在我們身邊所存在的人事物。

當你深知，一切沒有理所當然，一切也都有變化的那一天，然而，我們珍惜過、重視過，在別離的那一刻到來時，會試著坦然以對，了然於心彼此已經相遇在最美好的時光裡。即使說再見，也是珍重再見。

然後，學會祝福，並送別彼此往自己的下一站，好好前去。

繼承人生

片名原文：The Descendants

導演：亞歷山大・潘恩

編劇：亞歷山大・潘恩／奈特・法松

主演：喬治・克隆尼／雪琳・伍德利／茱蒂・葛瑞兒

類型：劇情

製片國家／地區：美國

語言：英語

臺灣上映時間：二〇一二年二月

片長：一百一十五分鐘

預告連結

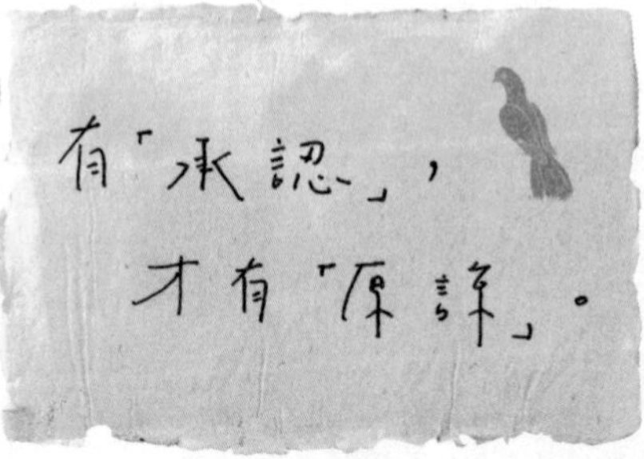
有「承認」，
才有「原諒」。

敬你的痛18

失去了愛之後，我們該如何繼續？

《愛，讓悲傷終結》

喪子後，如何繼續相愛的蓓卡與霍伊

孩子，是人類存在最重要的希望。因為有孩子的誕生，人能忍受自己所承受的苦和痛，只為了讓下一代能好好活著。

多少的父母，希望能因孩子的存在，而感覺到自己存在的意義和重要性；感覺到即使教養過程有所負荷，也是心甘情願。

對愛孩子的父母而言，孩子笑，父母就喜悅；孩子哭了，父母就心亂；孩子若受傷了，父母滿腹心疼。而若孩子病了、死亡了，父母也隨之心碎，有如自己死去。

蓓卡與霍伊因為車禍意外失去了四歲的寶貝兒子。即使，事故過了近一年，兩人還未能真正面對悲傷，連談及都顯得困難。

霍伊繼續正常工作，除了定期參加喪子互助團體的聚會。蓓卡，則情緒波動大，易怒、敏感，拒絕與人社交，也時常和人過不去，不論是丈夫、母親、妹妹、同事、鄰居，甚至只是一個路人……她都有難以克制的怒氣，往他們發洩。

孩子死亡後，即便蓓卡努力維持生活，做菜烤餅乾、種植花草、運動……好似生活仍持續進行，但一切還是一直都不對勁。

蓓卡處處與別人過不去的態度舉止，讓她的妹妹和媽媽，都難以消受。雖然身邊的人都知道，她仍然非常在意四歲兒子的死而無法釋懷，但是大家都認為她該放下了，重新開始新生活。蓓卡的母親，甚至不斷以教會的言論，要蓓卡接受神的旨意，不要再因為自己的憤怒得罪了神。

加上妹妹懷孕，總是不經意就說些話語諷刺蓓卡沒保護好孩子，引發蓓卡強烈的負面情緒。

蓓卡的母親，也經歷過喪子之痛，總想以喪子過來人的身分開導蓓卡，更使得蓓卡崩潰怒吼對母親說：「你的兒子是吸毒死的！你怎麼可以把他和我四歲的兒子相提並論？」

霍伊身為蓓卡的丈夫，也承受著喪子的傷痛，但眼看蓓卡敏感及易怒的情緒，霍伊只能獨自承受自己的悲傷，因為他無法從妻子那裡得到安慰。

蓓卡的悲傷，讓霍伊在關係裡動輒得咎，總是無法和蓓卡好好對話及相處。就算想要和蓓卡繼續生活下去，而試著和蓓卡有親密接觸，都受到蓓卡很大的質疑和指責，認為霍伊想要透過再生一個孩子，忘掉傷痛。

而蓓卡在霍伊一個人獨自觀看手機裡儲存的兒子影片時，也無法一同面對那份思念和傷痛。在一次蓓卡觸碰霍伊的手機時，兒子的影片意外被刪除消失，更引發了霍伊和蓓卡的衝突。他們都不滿對方在過程中的殘酷態度，指責對方用來度過悲傷的方式。

在傷痛裡，他們都無法理解及靠近對方的傷痛，並感受到自己內在強烈的痛苦，是如此孤單，幾乎要毀滅他們。他們的關係幾乎要破裂，婚姻也終於走到冰點。

心靈受傷的蓓卡，不斷傷害別人，也折磨自己。就當一切都走到死胡同，蓓卡和霍伊，各自走向他們的解救。霍伊和另一位也遭遇喪子，丈夫不告而別的自助團體女性成員，產生了相互憐憫的情感，而考慮著是否該和蓓卡分離，結束關係？

而蓓卡，無意間遇見了撞死兒子的「凶手」，透過交談和接觸，她發現這位車禍的「肇事者」傑森，也在承受肇事後的愧疚和自責，背負很大的心理痛苦，因為這一份痛苦的連結，蓓卡的心靈竟意外得到緩解，開始軟化了與世界的關係，重新恢復與人的互動。

蓓卡發現，傑森也僅是一個大孩子，高中才剛要畢業，某種程度下他也是受害者，這個突然且難以避免的意外，不是只傷害了他們家，其實也傷害了這個大男孩。

傑森用了許多時間探究平行宇宙的奧祕，認真地畫著關於男孩前往平行宇宙，尋找現實世界已經不在的父親的漫畫《兔子洞》，隱喻自己試著在平行宇宙的理論中思考，尋找可以得到安慰的救贖。

蓓卡因為看了這本傑森手繪的漫畫，產生了對傑森的理解，讓原本應該是充滿怨恨、不解與對立的兩人，卻意外地能坐在一起相互關懷，交流悲傷。

傑森跟蓓卡是彼此內心的心魔，克服面對對方時的慚愧及怨恨，寬容及同理了彼此，才能戰勝自己的毀滅力量，走出心中的困惑、不安及罪疚。

蓓卡因為和傑森的接觸，心中擁抱回溫暖和慈悲，也終於能好好處理與霍伊的關係，及真正告別離逝的孩子。

她終於能和母親好好對話，聽聽母親在失去哥哥的那段日子，究竟是如何撐過悲傷？

母親告訴她：「悲傷，是不會消失的，只是它會變化重量。有一天你會發現，悲傷就像是你口袋中的小石頭，你會摸到它，但它不再讓你無法承受。」

這一段對話，讓蓓卡和母親的關係，回到連結。

而原本差一點出軌，考慮和蓓卡結束關係的霍伊，卻及時回頭，發現自己仍是愛著蓓卡，他並不想失去她，不想失去他們的家。

回到關係中的兩人，終於坐在一起，好好面對面，一起說著，接下來的兩人，要怎麼繼續？

蓓卡說，就自然地邀請親人朋友來家中，自然地和他們談話，他們若問起悲傷，他們就回應；如果沒有人問起，他們也就順其自然地與大家互動。一切就自然地繼續下去吧！

因為兩人都再度感受到對彼此的愛及在乎，願意手牽手繼續走在一起。雖然喪痛是真實存在的，悲傷也不會消失，但因為愛，他們相信會一同走過，珍惜他們接下來的每一天……

療心傷
18

不是只要做對了什麼，悲傷就會瞬間消失。

「悲傷，是不會消失的，只是它會變化重量。」

你會從在谷底爬不出來的感覺，漸漸地，感覺到悲傷是你握在手裡的一個東西。或者，有時候你會忘了它被放在哪裡；但要找它時，你會發現，它還是在的，就像在你口袋裡。

你會帶著走，但沒有人會看出來，原來悲傷在你身上。只有你自己知道，其實，悲傷從未消失。

你千千萬萬不要接受外在社會不理解悲傷的人，告訴你：只需要一個月一個半月（平均五十天）左右你就會恢復，就會沒事了（即使他是個專業人士）。

如果，外在社會的標準，所謂的「你該沒事了」與「你恢復了」的定義是：你能上班、工作、吃飯、睡覺、人際交往……等等，你要做給別人看、裝給別人看，是辦得到的。但那不表示，你的悲傷得到理解、得到表達、得到撫慰。那也不表示，你已走過了悲傷所需要經歷過的調適歷程，更不表示，你的悲傷，有了照顧，有了治癒，真正療傷止痛了。

悲傷，是具獨特性的歷程，因人而異，沒有時間表，也無法按表操課。更不是你只要做對了什麼、做到了什麼，悲傷就可以瞬間消失得無影無蹤，不再出現在你的生命中。

事實上，悲傷有如四季，它會有季節變化——有時給你冷風，有時候又給你暖陽。有時，它會下著小雨；有時，它會豔日難耐。

當你要經歷你的悲傷，需要的是一份理解與陪伴。請你記得，你要找到一位不是以「平均適應時間」，或只以「病態診斷」標準來評定你的人。你要找到一位不是只想著用什麼技術與方法可以解決你的悲傷的人。你要找到一位有人文內涵，有接納與包容力的人，有對生命的高度尊重胸懷的人，願意理解你的關係意義與悲傷意義的人，讓那樣的人來陪伴你，理解你深層的痛與傷。

唯有理解、接納與撫慰，才能讓你一點一滴地被溫暖包圍，一點一滴地讓生命再有氣息，一點一滴地感受到你自己仍是一個被珍愛著的生命。

別再以你是個問題、是個麻煩，或是個不正常的人，來看待自己在悲傷經驗中的模樣。你要試圖願意理解自己、接受自己、了解自己的悲傷意義，然後慢慢重建自己支離破碎的生命與心靈。再次經歷愛、相信愛，且不放棄，成為愛，再分享出愛。

你要記得，憎恨與厭惡自己，是人墜入痛苦深淵的罪魁禍首。

無論是麻痺與迴避自己，或是不斷攻擊與殘害別人，無不是想要解決那一份巨大的痛苦。

如果因著痛苦感，人可以意識到、覺悟到痛苦產生的機制或源頭，那麼或許便有了機會追溯痛苦的來歷；那些生命歷史中，生命因被錯誤的方式對待而造成的創傷，形成的破碎自我，和不成形的「我」。

唯有愛了那破碎與不堪的自我，不再以嫌棄與厭惡對待，自我才有可能慢慢因為接納而獲得滋養。有了滋養，生命，才有機會重新來過，再次相愛。

你要試著了解，悲傷是複雜的情緒反應，多數高等哺乳動物都會有這樣的反應，其中，人類對此反應最為顯著。只要有依戀情感存在，人就會經歷失落，而經驗到悲傷。

人類的悲傷通常來自經歷上的挫折失敗，如：無法抗拒的住所改變、親友死亡、離婚、分手、畢業或失業。這樣的反應會因生活經驗與文化特質而有所差異。就如：失去親人往往讓人覺得悲傷，但悲傷的表達方式則因當事人年紀、生命經歷、社會文化的影響而有所不同。

悲傷也會伴隨落淚與沉默的表現。若悲傷情況持續一段時間，半年至一年以上，則要留意是否已慢性化為憂鬱狀態，甚至演變為臨床病症上的憂鬱症，而需要精神醫療的關照。

引起悲傷的因素，大都源自環境的人、事、物有所變化，導致心理上或生理上都必須適應這改變所帶來的壓力。因此，在悲傷的歷程，能找到紓解心情的方式，就極為重要。並且，度過悲傷期後，能重新適應新環境及新處境的改變。這也是悲傷的存在，所要人類進行的事——好好停下來，好好休養，適應變化並重建自我和生活秩序，再為人生，重新出發。

而唯有愛，可以讓重新出發的人生，再度有意義，有連結。

愛，讓悲傷終結

片名原文：Rabbit Hole

導演：約翰·卡梅隆·米切爾

編劇：大衛·琳賽—阿貝爾

主演：妮可·基嫚／艾倫·艾克哈特／黛安·韋斯特／邁爾斯·特勒

類型：劇情／家庭

製片國家／地區：美國

語言：英語

臺灣上映時間：二〇一一年三月

片長：九十一分鐘

預告連結

跋

走過苦痛，留下生命的勳章

我們的人生，之所以痛苦，來自生活中許多事與願違、無法盡如己意；更多的時候，來自生命的真實和現實，許多生活景況都並非「操之在我」。無論是孤獨、衰老、失喪、患病、意外、分離、臨終、死亡……等等，人人都免不了經歷這一些人生關卡和課題。

而當中的掙扎、抗拒、拉扯、討價還價，還有各式各樣的防衛心理，讓我們在如實接納人生遭遇，及如實接納自我方面，都顯得更加困難和艱辛。

療心傷、止心痛，是條漫長的路。過程中所需要的撫慰，最重要的是聆聽、理解、尊重、接納，和同理回應。對於受苦、被剝奪一切的人，旁邊的人最不需要的就是去對其說些大道理，或陳腔濫調的勸勉。而是與他的心連結，感受他的心路歷程，陪伴他走過內心糾結苦痛的情感歷程。

若是自己正在經歷生命痛苦的歷程，請不必急著非要自己立刻怎麼樣不可，而是允許自己透過音樂、影像、故事、閱讀等媒材，摸索讓悲痛釋放的方式，並與愛及溫暖重新連結。

試著陪伴自己，釋放內心的壓力和負面情緒，試著再度連結起對自己的情感。讓自己知道，不是只有自己一個人在經歷這些人生的悲歡離合、生離死別，自己所經歷的，是身為一個「人」，都會經歷的。

生命的苦痛，每一步都無比艱辛。但只要還有力量願意走這下一步，一步一步、一步一步，我們因此走過了最難的時刻，和最暗的歷程。然後漸漸懂了：

有些人，無論多麼想留住，他們還是會走……

有些期待，無論多麼想要實現，它們還是落空……

有些情感，無論多麼想要獲得回應，還是無聲無息……

你確實會失落、會哀傷，這都不需要否認。只要你願意承認失落的感受、哀傷的經驗，失落與哀傷的感受就能得到回應和關照，而非拒絕、排斥及否認。

你能承認，才可能哀悼；哀悼你的落空，哀悼你的失去，哀悼一切改變，也哀悼過去已然過去……

如果你不承認，拒絕對自己誠實，便無法哀悼，身心靈會處在抗拒與對立的狀態。你會恨，會愁，會憂鬱，會怨，會想推翻所有的事實，抗拒事實的發生。

但無論你花了多大的力氣拒絕、對抗、防衛……你會知道，這是一場困獸之鬥，讓你撞得頭破血流、傷痕累累，但真實，依舊是如此地——真實。

但願你在經歷一切苦痛之後，願意繼續引領自己明白愛、相信愛。當你再次相信愛的存在，愛會給你力量。反之，任何的言詞話語，對你來說，都只是空洞。

這人生，確實有如泰戈爾所說：「總會發生些情願與不情願、知道與不知道、清醒與迷誤的那種痛苦與幸福的事兒。但如果心裡存在虔誠情感，那麼在痛苦中也會得到安寧。否則，便只能在憤怒爭吵、妒嫉仇恨、嘮嘮叨叨中討活了。」

相信那虔誠的情感，就是愛。也唯有愛，能療癒悲傷，撫慰痛苦。

當你生命歷經了大大小小的失落、挫折、痛苦，這都是你真實活過的體會，也成為你走過世界的記號。

雖然心，因此傷過痛過，也要以自己為榮。

這是你生命實實在在獲得的勳章。值得敬佩，值得尊敬。

請別猶豫，敬你那些痛著的心吧！

療傷止痛，延伸閱讀

《死亡如此靠近》（新修版）（寶瓶文化）——臨終及疾病傷痛

《請容許我悲傷》（張老師文化）——喪親傷痛

《愛，一直都在》（張老師文化）——失落傷痛

《於是我可以說再見》（寶瓶文化）——喪親傷痛

《其實我們都受傷了》（寶瓶文化）——關係傷痛

《其實你沒有學會愛自己》（寶瓶文化）——早年傷痛

《為什麼不愛我》（寶瓶文化）——童年傷痛

《你過的，是誰的人生？》（究竟出版）——情感及自我傷痛

《親愛的，其實那不是愛》（寶瓶文化）——關係傷痛
《一個人的療癒》（大是文化）——關係傷痛
《跟家庭的傷說再見》（方智出版）——家庭傷痛
《鋼索上的家庭》（寶瓶文化）——家庭傷痛
《每一天練習照顧自己》（遠流文化）——關係傷痛
《這一次，你該捨不得的是自己》（商周出版）——關係傷痛
《這不是你的錯》（心靈工坊）——童年傷痛
《依戀障礙》（聯合文學）——關係傷痛
《成年孤兒》（寶瓶文化）——喪父母傷痛

Eurasian Publishing Group
圓神出版事業機構
用心與你對話・視野無限寬廣
究竟出版社
Athena Press

www.booklife.com.tw reader@mail.eurasian.com.tw

心理 032

敬那些痛著的心—蘇絢慧的暖心放映時光

作　　者／蘇絢慧
發 行 人／簡志忠
出 版 者／究竟出版社股份有限公司
地　　址／台北市南京東路四段50號6樓之1
電　　話／（02）2579-6600・2579-8800・2570-3939
傳　　真／（02）2579-0338・2577-3220・2570-3636
總 編 輯／陳秋月
主　　編／王妙玉
專案企畫／沈蕙婷
責任編輯／王妙玉
校　　對／蘇絢慧・王妙玉
美術編輯／李家宜
行銷企畫／陳姵蒨・張鳳儀
印務統籌／劉鳳剛・高榮祥
監　　印／高榮祥
排　　版／莊寶鈴
經 銷 商／叩應股份有限公司
郵撥帳號／ 18707239
法律顧問／圓神出版事業機構法律顧問　蕭雄淋律師
印　　刷／祥峯印刷廠
2017年4月　初版

定價260元　ISBN 978-986-137-234-1

接納你的痛苦，也允許自己痛苦。
只要你不捨棄讓愛在你心中，愛會陪你走過一切，
找到眞正安心，讓痛苦有片刻安息的所在。

——蘇絢慧，《敬那些痛著的心》

國家圖書館出版品預行編目資料

敬那些痛著的心：蘇絢慧的暖心放映時光 / 蘇絢慧著. -- 初版. --
臺北市：究竟, 2017.04
240 面；14.8×20.8公分 --（心理；32）

ISBN 978-986-137-234-1(（平裝）
1. 心理創傷 2.心理治療
178.8 106002344